Aníbal Núñez

Selected Poems

Also by Michael Smith & Luis Ingelmo at Shearsman Books

Michael Smith
   The Purpose of the Gift. Selected Poems.
   Collected Poems

   Translations
   Maldon & Other Translations
   Rosalía de Castro: *Selected Poems*

Michael Smith & Luis Ingelmo

   Translations
   Gustavo Aldolfo Bécquer: *Collected Poems (Rimas)*
   Elsa Cross: *Selected Poems* (with Anamaría Crowe Serrano
                         & John Oliver Simon)
   Fernando de Herrera: *Selected Poems*
   Claudio Rodríguez: *Collected Poems / Poesía completa*
   José António Villacañas: *Selected Poems*
   Verónica Volkow: *Arcana & other poems*
   Poems from Other Tongues
   Cantes flamencos (Flamenco Songs)

Michael Smith & Valentino Gianuzzi

   Translations
   César Vallejo: *The Complete Poems*
   César Vallejo: *Selected Poems*
   César Vallejo: *The Black Heralds & Other Early Poems*
   César Vallejo: *Trilce*
   César Vallejo: *Collected Later Poems 1923–1938*

Aníbal Núñez

Selected Poems

Edited and translated by
Luis Ingelmo & Michael Smith

Shearsman Books

First published in the United Kingdom in 2013 by
Shearsman Books Ltd
50 Westons Hill Drive
Emersons Green
BRISTOL
BS16 7DF

www.shearsman.com

ISBN 978-1-84861-259-4

Translations, introduction and notes
copyright © Luis Ingelmo and Michael Smith, 2013.

The original poems printed here are
copyright © Herederos de Aníbal Núñez, 2013.

In accordance with the Copyright, Design and Patents Act 1988,
Luis Ingelmo and Michael Smith are hereby identified as the
translators of this work, and authors of the introduction and notes.
All rights reserved.

The poems printed here are drawn from Aníbal Núñez, *Obra poética* (2 vols.),
edited by Fernando R. de la Flor and Esteban Pujals Jesalí (Madrid: Hiperión,
1995), and from *Cartapacios (1961-1973)*, edited by Fernando R. de la Flor
and Germán Labrador, Béjar (Salamanca) & Mérida (Badajoz):
If ediciones & de la luna libros, 2007.

The publisher thanks Alberto Bescós of the Museo de Salamanca
for providing the photograph of the untitled artwork
by Aníbal Núñez on the cover of this book.

CONTENTS

Introduction ix

once with a rainbow 5
an urban bus heading downtown 7
it all began on any given day 9
one night they brought humid earth 13
at daybreak to work 15
spring ladies gentlemen 17
once upon a time 19
Song 21
Infancy Triptych 25
Smoking I'm Waiting for the Man I Love 29
Fable of the Spectator 31
Parable of the Punch 33
On the Dark Face of the Timber 35
Little Red Riding Hood 35
Let's see how you manage here, smart puss 37
All the Scraps 39
In Spring Especially 41
Goodnight 43
A Different Ending for the Milkmaid's Tale 45
Oh Naiad, Nereid, Nymph, Siren, Gorgeous 47
He Dreams—Hands on the Wheel— 47
Warning to Gustavo Adolfo Bécquer 49
On Ephemeral Existence 51
Popular Art 55
Sprinkling 57
Trilogy of the Elves 59
Rural Fortune-Telling 63
The Purest Water 65
Cloudburst, give it all away 65
Going to the country, drinking up the countryside 67
Ode to the Adobe… 69
(Fulfilling Not Only the Orders of the Dutch Administration) 73
Paradisaea papua 73
Receipts and Outgoings 75
Sioux Men and Women 75
Monument to Wills and Burke 77

v

A Moveable House, Chicago	79
Report of Baron Hubner at the Russian Legation…	81
Comments by an Officer of the French Navy…	83
An Assembly Called Together in Papeete	85
Tlemcen Nights	87
Enthusiasm of a Young Democrat	87
That music never	91
The Poet's Situation	91
Salicio Lives on the Third Floor, Left	93
Triptych of the Tormes	95
Discontinuity is prophetic	101
Assume the same flight: from the merlon	103
The Valley of Unrest (E. A. Poe)	105
If you command the leaves of the poplars	107
Epithalamium	107
Silence	109
Buildable Site	111
Still Life	113
The whole property is geometry	115
Definition of Sap	117
from Unfinished House	121
La Derelitta	131
Debate of Scholars Before 'The Maiden's Dream'	131
Melancholy	133
Return of the Hunters	135
Prince Baltasar Carlos	137
The Blind Girl	139
Anonymous Defence of Narcissus	139
Haven for the Poet, the Frailest of Birds	141
Captain Hölderlin	143
Floral Games in Uqbar	151
The Wizard's Workshop	151
Assassination	153
'Context Is, Doubtless, an Asymbolic Object'	153
Scorpio	155
Testimony of Stone	155
Ephemeral Tattoos	157
Sacred History	159
News of the Hydra in the Golden City	163
Lys House	165

On a Closed Palace Facing East	171
On the Ancient Theme of Leaving the City	173
On the Return of the Woods	181
Poetics	187
About Foam	187
Mechanics of Flight	189
River	189
Diptych	191
Alcavatra	191
Jubilation of the Eyes	193
The Praise of Chance	195
In the Temple; Behind the Adorers	195
About Venus	197
Quartz	201
The Exhausted Word	205
Advent	209
The Cenotaph	211
The Door	211
Triptych of Santiz	213
An Old Dedication	221
Prayer	221
A Map Enlivened with Examples of What Might Have Been	223
It's raining	223
The sting—the beak encompassing the petal—	225
The wind and the heat—	225
To what shores did your cheeks go: my hands	227
Twelve Emblems	229
Lorraine Glass	237
Bohemian Glass	241
Parable	247
Triptych of Sadness, of Melancholy and of Happiness	249
From 'The Watchtower,' with a Book by Wordsworth…	251
I put my hands into the fire	253
To die dreaming, surely, but if one dreams	255
Imperceptible naiad you emerge just before	255
Not Only on Broadway	257
To A. at a Corner	259
An Angel in Three Places	261
Vain Prowling of the Word to Exalt the Music	261
To Some Short-Sighted Eyes	265

Pilar's Wishes	267
The Birth of Venus	269
To Miguel Hernández	275
Don't fear, heart, don't worry	275
It Was Yesterday	277
As well as your absence I now have	279
Epilogue	281
Sonnet	283
I have passed by again today…	283
As someone who fells the most loved tree	285
You need do no more than send this coupon	289
Place Your Bet	291
Índice de títulos y de primeros versos	292
Index of Titles and First Lines	298

A Brief Introduction
to the Poetry of Aníbal Núñez

The poetry of Aníbal Núñez (Salamanca, 1944-1987) is on a first reading a poetry of social comment although this does not make it ideological, in terms of political parties—right-wing, left-wing or otherwise. However, this social background should not distract the reader from the fact that Núñez's poetry is mostly one of rejection—of language as a means of representation and of the discourse of media, political formulas and hypercodified lives.

Núñez's father was José Núñez Larraz, a well known photographer and leftist; his mother was Ángela San Francisco. The quarter of Salamanca they lived in was inhabited by transient students and artists of various kinds, leftists of one sort or another; in other words, it was a kind of Greenwich Village. This had no little influence on his later development as a rebel. Although he was educated by the Marist Brothers, Núñez was soon a rebel himself, a hippy of sorts, rejecting the stifling conservatism of the City Fathers and the bourgeoisie who controlled the city and culturally suffocated it.

There are things Núñez observes around him and he feels the need to comment on these things. But his commentary is not explicitly journalistic or dogmatically judgemental. Rather, he presents his scenes in the Poundian sense, leaving the reader to form his or her own judgement. And that, in a nutshell, is the nature of his poetry. It is also the challenge, often a daunting challenge, for the reader. It is not without reason that he was a painter as well as a poet, the canvas for him opening up possibilities of interpretation for the viewer. It is this individualistic observation that can make his poetry seem so enigmatic. He was a maverick and because he was a maverick it makes the classification of his work so difficult especially to English or even Spanish readers. But that would have delighted him. He had no wish to belong to any group or school of poetry.

Having said that is not to say that there are not recurrent themes in his poems (which we shall return to later). What he observes registers on his mind and sensibility. Among other things, a Beckettian absurdity runs throughout many of his poems, which is reflected in the disjointedness of his language. In a certain way, Núñez's poems are similar to those of John Ashbery's, especially to the American poet's early works, characterized by an often shocking and unnerving syntax, mixed with a witty and subtle sense of irony. The tidy, moralising lyric is something he rejects. That is not how he sees life. Life is a broken-up affair affording mere snapshots, many of them out of focus. We are sometimes reminded of Raymond Carver's short stories—not his poems—or for that matter, Chekhov, leaving us wondering what the outcome of things will be. But that is deliberately left for the reader to ponder.

Possibly the main difficulty with Núñez's poetry is its disjuncture with the "norms" of syntax and his thematic hyphenations. None of this, of course, is new in the context of Charles Olson or Robert Creeley or others from the Black Mountain group of poets, whose exemplar in this respect would probably be William Carlos Williams.

If we consider Williams' famous red wheel-barrow poem (so much depends / upon…)[1], the poet's response to anticipated adverse comment was: "What do they mean when they say: 'I do not like your poems. Is this what you call poetry? It is the very antithesis of poetry. It is antipoetry. Poetry that used to go hand in hand with life, poetry that interpreted out deepest promptings, poetry that inspired, that led us forward to new discoveries, new depths of tolerance, new heights of exaltations. You moderns! it is the death of poetry you are accomplishing. You have not yet suffered a cruel blow from life. When you have suffered you will write differently…'"

Even if Williams could not in his early years have been familiar with the Black Mountain poets, he admitted that the pieces in his book, *A Novelette and Other Prose (1921-1931)* (Toulon, 1932), showed the influence of Dadaism. "I didn't originate Dadaism but I had it in my soul… Paris had influenced me there; there is a French feeling in this work… An American reader would have been lost entirely… I sat in front of the paper and wrote." In other words, although he did not anticipate the Black Mountain poets, he doubtless would have been in sympathy with many of their ideas.

So even if Núñez was not familiar with Williams' poetry, there is the fact that he was familiar with French modernism, such as the work of Rimbaud whose work he had studied in the University of Salamanca and whose *Poems 1870-1871*, *The Stupra* and *Illuminations* he would come to translate later on. Other French poets whom Núñez had read with great interest and care were Nerval and Mallarmé, both of whom he also translated.

All this, of course, is mere speculation. What is no speculation is that Núñez was knowledgeable about experimental poetry, as was Claudio Rodríguez, a poet greatly admired by Núñez—to the extent

---

[1] 'The Red Wheelbarrow,' from *Spring and All* (1923), in *Selected Poems*, London: Penguin, 1976, p. 57.

of writing an article on two of Rodríguez's lines.² The point of this is that he had predecessors to support him in his own form of technical experimentation, and this at a time when in Spain poetry was in the doldrums. He also knew his experimentation would come at a price: isolation, both social and aesthetic. But he never baulked at this. For, where Claudio Rodríguez understood that his poetry could drive him toward a transcendental apprehension of reality, Núñez brought that conflict down to the problematic relation between language and reality. Careless of the world of men, Núñez realm will orbit, especially in his latest work, around that of a language that will become asymbolic. What matters most to the poet is grabbing reality itself, through language and through life, which is, in the end, the same fragmentary game of whispers, murmuring and voids.

We don't know yet to what extent, if any, Núñez was influenced by the Black Mountain poets, but the following poem by Robert Creeley is certainly reminiscent of Núñez's poetry, albeit some may think Creeley's line has a simplicity not to be found in that of Núñez's:

> All night in a thoughtful
> mood, she
>
> resigned herself to a
> conclusion – heretofore
>
> rejected...³

In his Cátedra anthology of Núñez's work, *La luz en las palabras*, Vicente Vives Pérez identified three main themes of the Salamancan poet: nature, the city and ruins. And he makes a very good case for his reading. That case is too complicated to elaborate here in a brief introduction. A simpler and more general reading should provide adequate guidance to the new reader, especially the Anglophone reader.

Núñez was a "Green" before the Green Party was invented. He saw what was happening to the countryside, its despoliation; he saw the evils of capitalist urban life; and he saw the ruins that would be the result of all this. He was not, however, a naïve sentimentalist. He was well groomed

---

² '¿Dónde la ebriedad? (retórica en dos versos de Claudio Rodríguez,' *La Ciudad*, 5 April 1988: pp. 16-7, later in *Obra poética, vol. 2*, Madrid: Hiperión, 1995, pp. 156-63.
³ 'For Somebody's Marriage,' in *The Charm*, London: Calder and Boyars, 1971, p. 66

in political analysis, by his father and by his friends. One should rather think of him as a Spanish Edwin Muir, but without Muir's religious proclivities. We don't know how familiar he was with the work of Ezra Pound. He certainly did not possess the obsessiveness that Pound had with usura, an obsession that mars a lot of his work; but he would have appreciated some of Pound's early poems such as 'Provincia Deserta':

> At Rochecoart,
> Where the hills part
> > in three ways,
> And three valleys, full of winding roads,
> Fork out to south and north,
> There is a place of trees ... grey with lichen.
> I have walked there
> > thinking of old days.[4]

Or these lines from 'Hugh Selwyn Mauberley':

> These fought in any case,
> and some believing,
> > pro domo, in any case...
>
> Some quick to arms,
> some for adventure
> some from fear of weakness,
> some from fear of censure,
> some for love of slaughter, in imagination,
> learning later...[5]

Looking back at Spain's Civil War, how often must Núñez have had such thoughts?

In his own Salamanca he saw the re-emergence of the old bourgeoisie, the reappearance of their greed, their disdain for the defeated working-class and the enlightened liberals. His detestation of post-Franco Spain permeates his poetry. And that detestation is probably the root of his self-imposed isolation. His isolation was not into an ivory tower, like Yeats', but through a repugnance he felt for the Spain he saw emerging after Franco's savage victory: its avarice, its contempt for the defeated,

---

[4] 'Provincia Deserta,' in *Personae. The Shorter Poems of Ezra Pound*, London: Faber and Faber, 2001, p. 125.

[5] 'Hugh Selwyn Mauberley (Contacts and Life),' in *Personae*, 2001, pp. 187-8.

for ordinary humanity, its reckless disdain for the countryside. There one finds the driving force behind Núñez's poems on nature, the city and the ruins left behind by the Civil War.

He has been described as the best poet of his generation, sometimes called the generation of '68. His recognition has been a long time coming, but as we say in English, "Better late than never."

Michael Smith, *Dublin*
Luis Ingelmo, *Zamora*

SELECTED BIBLIOGRAPHY

A.N.'s Work

Obra poética (2 vols.), Fernando R. de la Flor and Esteban Pujals Jesalí (eds.), Madrid: Hiperión, 1995.
Apocalíptica aritmética, Tomás Sánchez Santiago (ed.), in *perenquén*: March 2002 (1), 5-12.
*Cartapacios (*1961-1973*)*, Fernando R. de la Flor and Germán Labrador (eds.), Béjar (Salamanca) & Mérida (Badajoz): If ediciones & de la luna libros, 2007.
La luz en las palabras. Antología poética, Vicente Vives Pérez (ed.), Madrid: Cátedra, 2009.

On A.N.'s Work

VV.AA., *Pliegos de Poesía Hiperión, núms. 5-6. Aníbal Núñez (1944-1987)*, Madrid: Hiperión, 1987.
Luis Javier Moreno *et al.*, *Para Aníbal Núñez*, Valladolid: P.O.E.M.A.S., 1996.
Miguel Casado, *La puerta azul. Las poéticas de Aníbal Núñez*, Madrid: Hiperión, 1999.
Vicente Vives Pérez, *Aníbal Núñez, La voz inexpugnable*, Alicante: Universidad de Alicante, 2008.
VV.AA. (Miguel Casado, ed.), *Mecánica del vuelo. En torno al poeta Aníbal Núñez*, Madrid: Círculo de Bellas Artes, 2008.
Rosamna Pardellas Velay, *El arte como obsesión. La obra poética de Aníbal Núñez en el contexto de la poesía española de los años 70 y 80*, Madrid: Verbum, 2009.
Fernando R. de la Flor, *La vida dañada de Aníbal Núñez. Una poética vital al margen de la transición española*, Salamanca: Delirio, 2012.

Aníbal Núñez

Selected Poems

de

29 POEMAS

(1967)

from

29 POEMS

(1967)

> *manzanas son de tántalo y no rosas*
> GÓNGORA

UNA VEZ DE ARCO IRIS
y de avioneta azul
hubo quien regresando de costumbre
—aunque no haya vestigios de su paso—
dio un traspiés sintió sangre
atrasada en su oculta
circulación
se estremeció o al menos
anotó mentalmente en su libreta íntima
un suceso distinto
en aquel sitio donde tantas veces:
funesta inmobiliaria movilizaba garras
plantaba hostil su agrimensura donde
—moría en metros cuadrados la corteza—
tuvo el amor un nido y una valla interpone
(en el lugar que el tiempo
coleccionaba orín en latas viejas
dirigía el cielo inmune
de lluvias y solsticios
y demoraba aún el abrazo diario de eros y siquis)
el paso a las personas
ajenas a la obra
(y fue así como acabó la historia
aunque se dice
que el amor —convenida
la ocasión—
se cobijó en viviendas protegidas)

§

apples, not roses, belong to Tantalus
                    GÓNGORA

ONCE WITH A RAINBOW
and with a blue light aircraft
there was someone returning as usual—
although there are no signs of his passing—
he stumbled he felt blood
behind in its hidden
circulation
he shuddered or at least
noted mentally in his private notebook
a distinct event
in that place where so often:
a fateful property company was moving its claws
it was planting with hostility its surveying where—
by the square metre the bark was dying—
love had a nest and a fence interposes
(in the place where time
gathered urine in old tins
directed the sky immune
from rains and solstices
and delayed still the daily embrace of Eros and Psyche)
entry to anyone
unauthorized to the construction work
(and it was thus the story ended
although it is said
that Love—the occasion
agreed—
took shelter in subsidised housing)

§

UN AUTOBÚS URBANO RUMBO AL CENTRO
acoge
entre las huellas del gas-oil quemado
una frágil estela de colonia a granel
(muchacha suburbana cosmética introduce
el billete en el bolso imitación de
legítimo ante rectifica furtiva en el espejo
la línea de los ojos certifica la
presencia sedante del paquete de rubio
emboquillado derecho de admisión)
y llega a la parada
donde
a pie firme desciende
—sobre su origen procedencia nada
queda escrito; del yeso
en las manos de padre la bayeta
servil de casa bien
de madre ya otros tiempos— las amigas
estarán al llegar
la luz ha caído ya cuando
—sucede mientras que
es primavera y suena
la bocanada dulce de la música happy
together en un cielo
solo para dos—
llegan a la penumbra de una boite
—¡proletaria on the rocks
qué tal!— en tanto
que renace el martini
ritual
　　　(lo que sigue es la historia
de una tarde
con resquemor de alcohol
y palabras de amor posiblemente)
un autobús urbano al extrarradio
oculta bajo su agrio traqueteo
la rabia transitoria de una niña
que el sábado siguiente
volverá a ser la dulce cenicienta en palacio.

　　　　§

AN URBAN BUS HEADING DOWNTOWN
picks up
amid the traces of burnt gas-oil
a delicate trail of cheap perfume
(a suburban made-up girl introduces
the ticket in her imitation-suede
purse, furtively corrects in the mirror
her eye-lines, certifies the
sedative presence of her packet of filter-tipped
Virginia tobacco right of admission)
and she reaches the bus-stop
where
she descends resolutely—
nothing about her extraction origin
remains written: the plaster
on Father's hands the servile
cloth of a good family
of Mother now times gone by—the girl-friends
must be about to arrive
the light has already dimmed when—
it happens while
it's Spring and the sweet
gust of happy-together music
sounds in a heaven
only for two—
they arrive at the darkness of a nightclub—
proletarian on the rocks
how is it going?—while
the ritual martini
is reborn
             (what follows is the story
of an evening
with a suspicion of alcohol
and possibly words of love)
an urban bus to the outskirts
hides under its rough jolting
the fleeting annoyance of a girl child
who on the following Saturday
will again become the sweet drudge in the palace.

§

I

TODO EMPEZÓ EN UN DÍA COMO OTROS
quizá de lluvia le pusieron
toda una vida por delante
toda una larga hilera
de velas que ir soplando
creció —frágil retoño
de un honorable árbol genealógico—
al abrigo de tantos malos vientos:
fue por entonces cuando
a lomos de un caballo de cartón
el índice anillado
de oro y de virtud le señalara
el camino del bien la tortuosa
senda del mal
la llama inalterable
de su apellido en todas las vitrinas
(alguien le regaló
una estampa rosada donde
un ángel custodio
velaba la alocada carrera de un infante
por un puente arruinado en el abismo)

II

de aquella edad dorada
solo quedan recuerdos en el álbum
familiar un aroma
de carrusel de feria
la inocencia aplaudida en las visitas:
empañada memoria
de lo que se alejó:
idolatrados buenos de película
el cuarto de las ratas

I

IT ALL BEGAN ON ANY GIVEN DAY
perhaps raining they set
a whole life ahead of him
a whole long row
of candles to blow
he grew—a fragile shoot
of an honourable family tree—
sheltered from so many bad winds:
it was then when
riding a cardboard horse
the index finger ringed
with gold and virtue would point out
the route of good the tortuous
path of evil
the unalterable flame
of his surname in all the display cabinets
(someone gave him as a present
a pink religious card in which
a guardian angel
was looking after an infant's reckless race
across a ruined bridge over the abyss)

II

of that golden age
there remain only memories in the family
album a fragrance
of merry-go-round
innocence applauded on the visits:
a misted-up memory
of things gone by:
the idolised good guys
the lumber room

III

pero no en vano ardieron esos años
ni en vano después fueron
sedimentando incienso en los pasillos
de tiza colegial ni laureadas
medallas de sapientia-ae
que afirmaron aún más a la crisálida
en eternas verdades por supuesto

IV

mas ha llegado el tiempo del naufragio
de los últimos barcos de papel:
ya todo un hombre y todo
sucederá como estaba previsto:
la novia enrojeciendo en la pedida
—oh preciado pudor— seguidamente
la bendecida yunta
nupcial perpetuará
la reluciente estela de virtud
en hijos para el cielo
y tres vueltas de perlas
así el hombre de orden
—abajo corresponde
a la parte inferior—
pisará firme
toserá respetable
dará los buenos días
a la portera oirá
misa solemne
jugará a reyes magos
vestirá caridad a la medida...
y así hasta que a la vuelta

III

but those years did not burn in vain
nor were they in vain later
depositing incense in the aisles
of school chalk nor prize-winning
medals for Latin declensions
that asserted even more the chrysalis
in eternal truths of course

IV

but the time of the shipwreck
of the last paper boats has arrived:
now a grown-up man and everything
will happen as foreseen:
the girlfriend blushing at the marriage proposal—
oh valued shyness—then
the blessed nuptial
pair will perpetuate
the shining trail of virtue
in children for heaven
and three loops of pearls
thus the man of order—
what's below is in keeping
with the lower part—
he will tread solidly
he will cough respectably
he will greet the doorwoman
good morning he will hear
solemn Mass
he will play at the Magi[1]
he will dress made-to-measure charity...
and so on until the return

---

[1] A reference to the Christian celebration on the day of Epiphany, January 6, when the Magi receive letters from children and thus bring them gifts on the night before Epiphany, visiting the houses of all the children much like Santa Claus with his reindeer. *(Translators' note.)*

de un día —posiblemente
de sol— entregue el alma
a dios a seis columnas
de este modo
todo terminará
o más bien todo
continuará garantizados
cuenta corriente fe y amor tan puro
como el que ya se lee en el epitafio

§

UNA NOCHE LLEVARON TIERRA HÚMEDA
la misma en los zapatos
ahora que desembocan cara a cara
en la acera fatal
qué fácilmente
reconstruir el decorado
del amor que fue a pique
carretera
abajo ya es muy tarde
van a reñirme en casa
palabras aún capaces
de hacer reverdecer
difusamente
aquel frío compartido
ladridos de algún perro
gota
a
gota
falso sabor a menta
en las encías la sangre

of a day—possibly
a sunny one—he will deliver up his soul
to god in six-columns[2]
and thus
everything will end
or rather everything
will continue guaranteed
a current account faith and love as pure
as that which can now be read in his epitaph

§

ONE NIGHT THEY BROUGHT HUMID EARTH
the same on their shoes
now that they emerge face to face
on the fatal pavement
how easily
to rebuild the stage backdrop
of the love that sank
down the
road now it's very late
they're going to give out to me at home
words still capable
of reviving
diffusely
that shared cold
barking of some dog
drop
by
drop
false flavour of mint
in the gums blood

---

[2] Spanish funeral notes in newspapers vary in size (and price) depending on the amount of columns, up to six, that the note takes on the page. The larger the note, the more expensive it is and, also, the better it is seen by newspaper's readers. *(Translators' note.)*

ya casi entrelazada
finalmente la mano
ilícita
arreglándose el pelo
deshaciendo las pruebas
del amor
—su mirada buscando una salida
por el brocal de luz de las primeras
casas—
tan fácil si pudieran
confluir sin más vueltas
pero él acariciando
la baba del trofeo
entre la panda ella
adolescente precintada sabe
las fronteras
exactas que estipulan
decoro y clase media
pudieran aunque pasen
y se digan adiós como quien oye
llover
sin darse cuenta de la lluvia.

§

AMANECIENDO AL TAJO
un hombre pedalea
oye gallos al alba
trenes acostumbrados
mientras la luz que crece
escalando las hojas
encendiendo
—era por mayo que era
por mayo— las acacias
dulzonas del paseo
se refracta en la herrumbre
de los radios mojados de rocío

now almost interwoven
finally the illicit
hand
fixing up the hair
undoing the proofs
of love—
their gaze seeking an exit
through the rim of light from the first
houses—
so easily if they could
meet directly
but he caressing
the drool of the trophy
among the gang she
a sealed adolescent knows
the exact
boundaries that stipulate
decorum and middle class
they could even if they pass
and say goodbye like water off a
duck's back
not even aware of the water.

§

AT DAYBREAK TO WORK
a man is pedalling
he hears cocks at dawn
the usual trains
while the light that grows
climbing the leaves
burning—
it was in May, it was
in May—the sickly-sweet
acacias of the avenue
is refracted in the rust
of the spokes damp with dew—

—que por mayo había sido
tantos años atrás—
(ella con los cacharros
estirando el jornal
imaginando el hueco
para el televisor
proyectando unas flores
de porcelana encima)
la lenta carretera
recorre un hombre al tajo
en bicicleta toda
la luz hecha ya día
hecha ruido de cántaras de leche
cuando el hombre repasa
—le da cuerda a su sed—
nebulosas secuencias de gachises
piernas de cover-girls
consteladas estrellas jueves fémina
la imagen entreabierta
de una sonrisa blanca de consumo
se interfiere
con la sirena larga de la fábrica:
como cuando regresa y ella abre
—años atrás— la puerta.

§

ya se vienen, ya se van
los soldados a la guerra
                Popular

(el poeta, con ocasión de la llegada de la estación,
se siente obligado a cantar)

LA PRIMAVERA DAMAS CABALLEROS
ha llegado:
(suceso comprobable fácilmente
por la ascensión alada del mercurio

and in May it had been
so many years ago—
(she with her pots and pans
stretching the day's pay
imagining the spot
for the TV set
projecting some porcelain
flowers on top)
the slow road
a man travels to work
on his bicycle all
the light now made day
made noise of milk churns
when the man goes over—
he winds up his thirst—
nebulous sequences of chicks
legs of cover-girls
constellated stars Thursday female
the half-open image
of a white consumptive smile
interferes
with the long siren from the factory:
as when he returns and she opens—
years ago—the door.

§

> *now they come, now they go*
> *soldiers to war*
> POPULAR

(the poet, on the occasion of the season's arrival,
feels obliged to sing)

SPRING LADIES GENTLEMEN
has arrived:
(an event easily verifiable
by the winged rise of the mercury

la súbita invasión de clorofila)
el parque estrena cielo
las palomas
inundan el estanque de reflejos
señoras tricotando
dando fe de la paz de los parterres
alicia en el país
del pan y chocolate
la risa en bicicleta desfilando
por el arco triunfal bajo la comba aérea
el poeta
aspira el aire nuevo inspira
levemente
lanza una piedra al lago de los cisnes
que se deshace en círculos concéntricos

rota la flor del agua
ametrallado el trino al otro lado
la merienda de fiebre
(disculpen no sabría
mi oficio de poeta las erratas
irremediables ya a última hora)

§

ÉRASE QUE SE ERA
yo frente a la ventana
mordiéndole las uñas a la tarde
UNA PRINCESA TRISTE
yo tomando
el pulso a la butaca
PERO LLEGÓ EL RUMOR AL REINO
DE QUE UN BRIOSO CORCEL
tú desayunas
con cubierto de pólvora
tú mellando la guerra
a dentelladas
por las cuatro paredes de la jungla

the sudden invasion of chlorophyll)
the park premieres a heaven
the pigeons
swamp the pond with reflections
ladies knitting
testifying to the gardens' peace
alice in the land
of bread and chocolate
laughter on a bicycle filing
through the triumphal arch below the aerial skipping-rope
the poet
breathes the new air inspires
gently
throws a stone at the swans' pond
which uncurls in concentric circles

the flower of water broken
riddled the trill on the other side
the feverish snack
(I apologise I wouldn't know
my job as a poet the irremediable
misprints now at the last moment)

§

ONCE UPON A TIME
I in front of the window
biting the evening's nails
A SAD PRINCESS
I taking
the armchair's pulse
BUT A RUMOUR REACHED THE KINGDOM
THAT A SPIRITED STEED
you have breakfast
with gunpowder cutlery
you chewing the war
chipped
along the four walls of the jungle

JUEGAN A CUATRO ESQUINAS LOS DONCELES
(y yo en casita única
mordaza de mi voz que proclamara
simiente —ya podrida—
de la lucha que ganas)

Canción

amigo si la guerra
despiértame la sangre:
pondremos cebo de papel de plata
al barco submarino
amigo si la guerra
camúflale las gafas a ese tanque
que no sepa el camino
ayúdame a sembrar amigo el aire
de polen clandestino
para que el bombardero acobardado
confunda su objetivo:
amigo si la guerra
que no cuente contigo ni conmigo.

THE YOUNG NOBLEMEN PLAY DUCK, DUCK, GOOSE
(and I at home the only
gag for my voice that would proclaim
the seed—now rotten—
of the fight you win)

Song

friend if there's a war,
awaken my blood:
we will set a tinfoil bait
for the submarine ship
friend if there's a war
camouflage that tank's glasses
so it won't find its way
help me friend to sow the air
with clandestine pollen
so that the cowardly bomber
muddles up its target:
friend if there's a war
may it not count on you or me.

de

Fábulas domésticas

(1972)

from

DOMESTIC FABLES

(1972)

Tríptico de la infancia

1

nos llevaron al tubo de la risa
ya bajo las banderas que ganaron el mapa
al tubo de la risa y qué alegría
recobrarnos contentos y felices
a cada vuelta de los caballitos
recién ganado el vértigo descalza la esperanza
los tiros de la guerra aunque nosotros
chupando un pirulí
pegajosos de espuma azucarada
éramos mientras tanto
la dicha de la casa
(mickey mouse en las ferias juraría:
«aquí no pasó nada»)

2

y la escuela después donde aprendimos
a ser buenos cristianos por la gracia
de dios y las calderas sulfurosas
de aquel pedro botero
los himnos nacionales en columna de a dos
la interminable tabla
del siete que aún nos sigue
robándonos el sueño tanto cuento
de niños ejemplares y de mártires
precoces que no iban
a robar fruta verde o por morera
al patio de las monjas donde estaba
a punto de surgir refugium pecatorum
la refulgente virgen a llevarnos
qué aburrido con ella a coger lilas
para el altar de mayo (quien más diera

Infancy Triptych

1

they took us to the tube of laughter[3]
now under the flags that won the map
to the tube of laughter and how joyfully
we collected ourselves contented and happy
at each turn of the carousel ponies
vertigo just defeated, hope barefoot
the shots of war although we're
sucking a lollipop
sticky with sugary froth
we were in the meantime
the joy of the house
(at the funfair mickey mouse would swear:
'nothing happened here')

2

and the school where we later learnt
to be good Christians by the grace
of God and the sulphurous boilers
of that old nick
the national hymns two abreast
the interminable seven times
table that still today hunts us
keeping us awake so many tall stories
of exemplary children and precocious
martyrs who didn't go
and steal unripe fruit or mulberry
to the nuns' patio where the
refulgent virgin refugium pecatorum
was about to take us with her
how boring to pluck lilies
for the May altar (whoever brought the most

---

[3] A very popular fairground attraction at the time, it consisted of a large tube that had to be passed through while rotating around its longitudinal axis. *(Translators' note.)*

ganaba
un peldaño hacia el cielo
con papá y con mamá si no eran rojos)
(y, a nuestro pesar, eran)

3

porque ancha es la puerta y espaciosa
la senda que lleva a la perdición

por aquel tiempo fuimos instruidos
por las buenas conciencias se acercaban
nuestro día más feliz nos prometieron
y ante el pan celestial no desvelamos
—los zapatos lustrosos mordiéndonos los pies
cercados los pasteles por encajes—
el misterio anunciado: almidonada fecha
que en los años siguientes no podríamos
casi reconocer en las palabras
solemnes que inculcaron en nosotros
las costumbres decentes:
la sarta dolorosagloriosa del rosario
la visita al santísimo: toda la mise en scène
del colegio de pago donde fuimos
incapaces —sumisos entre
tanto misterio y ases deportivos—
de echar de menos ciertas caras
(«es estrecha la puerta que conduce»)
que quedaron atrás adiós muchachos
quienes ahora encontramos por la calle
su buenos días servil mirando al suelo
que «siempre ha habido —otros—
ricos y pobres» nos han dicho
                              aunque
nos queda más diáfano el recuerdo
de los anocheceres estivales
jugando al escondite conteniendo el aliento
para no delatar nuestra presencia
(nos estaban buscando)

earned
a step to heaven
with Dad and Mum if they weren't reds)
(but, much to our regret, they were)

3

*for wide is the gate and broad
the road that leads to destruction*

in those days we were instructed
by the good consciences, they approached
they promised us our happiest day
and before the celestial bread we didn't disclose—
our shiny shoes gripping our feet
the cakes surrounded by lace—
the announced mystery: the starchy date
that in the following years we could not
almost recognise in the solemn
words that decent manners
inculcated in us:
the sorrowfulglorious string of rosary beads
the visit to the Holy Sacrament; all the mise-en-scène
of the fee-paying school where we were
unable—submissive amid
so much mystery and ace sportsmen—
to miss certain faces
('small is the gate that leads')
that fell behind goodbye lads
whom we now meet along the street
their servile good morning looking at the ground
since 'there have always been—other—
rich and poor' we've been told
        although
we keep the most diaphanous memory
of summer nightfalls
playing hide-and-seek holding our breath
so as not to reveal our presence
(they were looking for us)

                    mirábamos
a la noche galáctica tan lejos
de la mosca aburrida
del aula y nos pasaba
por la imaginación todo un futuro
sin clase y sin castigo
con libertad de movimiento y pelo
en pecho por supuesto
no quedaba ni rastro de la misma
amenaza que hoy ya no es un juego

(nos habían descubierto)

Fumando espero al hombre que yo quiero

Tu represión de niña emancipada
te hace empuñar
con asco amortiguado la boquilla
del rubio que apresuras
en consumir para quemar el tiempo
de la espera
—la pantera se aburre en el acecho
a cuestas con su espléndido pelaje—
para llenar la tarde de volutas
como tejía penélope
la ausencia de su hombre
el mal presagio
SINTIENDO ESE PLACER
DEL HUMO EMBRIAGADOR
QUE ACABA POR PRENDER LA LLAMA ARDIENTE
DEL AMOR
para acabar volviendo
con una arruga más en el anzuelo
a tu tiniebla íntima
—te agarras a la almohada—
superpoblada de hojas amarillas
(nadie viene a quemarlas a incendiar

                              we looked
at the galactic night so far away
from the bored fly
from the classroom and a whole
future crossed our mind
without lesson or punishment
with freedom of movement and being
real men of course
there was not a trace of the same
threat which now is not a game anymore

(they had found us)

Smoking I'm Waiting for the Man I Love

Your repression of a liberated girl
makes you grasp
with cushioned disgust the butt
of a cigarette you hasten
to consume so as to burn up the time
of waiting—
the panther is bored lying in wait
burdened with its splendid fur—
to fill the evening with spirals
the way penelope wove
the absence of her man
the bad omen
FEELING THAT PLEASURE
OF THE INTOXICATING SMOKE
THAT ENDS UP LIGHTING THE GLOWING FLAME
OF LOVE
to end up returning
with another wrinkle as bait
to your intimate darkness—
you clutch your pillow—
crowded with yellow leaves
(no one is coming to burn them to set

el cuarto de los trastes abrumado
de irremediables juanas
de arco a edulcorar
tus ganas
de salirte de madre
de que salten las lunas del asediante armario)

y no divisas moscas —como último recurso—
dispuestas a quedar presas de patas
en la miel cenagosa de tu rimmel.

Fábula del espectador

Sin coñac y tapabocas futbolístico
andarías desvalido
pero vas bien surtido (que no falte)
de la rumia caliente de noticias
últimas y exclusivas
del héroe que mantienes
—lleno hasta la bandera—
con tu aliento
así reconfortado ante el invierno
laboral de ocho horas
con remesas —no solo
vive de pan el hombre—
de polémico pasto
de donde surja luz
que desvele el pronóstico
de la jornada próxima
de liga el presupuesto
aproximado del tesoro
que encontrará en la arena
el uno del cartel prendido en la muleta
bajo el aplauso de los graderíos
con tu consenso al cabo
a toda plana al tanto del minuto preciso
del gol de la victoria y otros piensos

the junk-room on fire piled up
with irremediable joans
of arch to sweeten
your desire
to get out of hand
for the mirrors to leap out of the packed wardrobe)

and you do not make out any flies—as a last resort—
prepared to be trapped by their legs
in the boggy honey of your mascara.

Fable of the Spectator

Without cognac and a football scarf
you would be helpless
but are well stocked (lacking nothing)
with warm pondering of the latest
and exclusive news
of the hero you support—
packed out—
with your breath
so comforted before the working
winter of eight hours
with consignment—man
does not live on bread alone—
of polemical pasture
from which light may be shed
so it reveals the tip
for the next round
of the League the approximate
budget of the treasure
which he will find in the sand
the one of the poster hung from the cape
under the applause from the stands
with your consent in the end
in full page fully abreast of the very moment
of the victory goal and some other Monday

de lunes que te engordan
oh cordero pascual para la mesa
de los omnipotentes empresarios.

Parábola del puñetazo

Encajó un derechazo,
un largo derechazo
directo a la cabeza,
y se dispuso a devolver el golpe
emprendiendo, en legítima defensa,
el contraataque, pero
no sin haber contado antes
con el consentimiento de la mayoría
representada en asamblea:
rellenó los impresos necesarios,
respetando los márgenes precisos,
guardó cola, esperando
paciente un *quorum* suficiente...
y, así, tras un proceso racional,
tras un estudio desapasionado,
la cámara reunida le dio su beneplácito
y le estampó su sello amoratado
en la otra mejilla.
                    Concedido el permiso
democráticamente, el agredido
lanzó tímidamente un puñetazo
al hueco que dejara al ausentarse
tranquilamente el agresor.
                          (aplausos)

fodder that fatten you up
oh Easter lamb for the table
of the all-powerful businessmen.

Parable of the Punch

He took a right blow,
a long right
direct to the head,
and got ready to return the blow
launching, in legitimate defence,
his counterattack, but
not before having counted
on the consent of the majority
represented in a meeting:
he filled out the required forms,
observing the necessary margins,
he queued up, patiently
hoping for an adequate *quorum*...
and, so, after a rational procedure,
after a dispassionate study,
the assembled house gave their approval
and stamped their bruised seal
on his other cheek.
                      Permission once granted
democratically, the assaulted
diffidently swung a punch
to the gap the aggressor had left
after departing peacefully.
                            (applause)

Sobre la oscura faz de la madera

un muchacho con tiza
marca la puerta de su casa
cierra el último anillo
de la diana
da unos pasos atrás... años más tarde
repica el aldabón gana la tibia
ternura del hogar
rebasando el umbral y no repara
en el borroso blanco picoteado
por los dardos de entonces:
CUANDO ÉRAMOS PEQUEÑOS
blandiendo mala leche ERAN LOS BUENOS
QUE SALVABAN EL FUERTE A ÚLTIMA HORA
CERCADO POR LOS MALOS sentiría
más aliento en la silla
menos frágil la sopa y cuesta arriba
el regreso al trabajo

pero hoy no distingue la diana
(lostiemposhancambiado)
ni aún menos la cabeza del patrón
en su preciso centro
saltando de un disparo

Caperucita roja

> *... y comieron perdices y se dieron*
> *con los huesos en las narices.*

Aunque de todos modos
el final fue feliz
caperucita roja no habría sido
desayuno del lobo
ni hubiera recorrido
tantas millas de bosque por llevar

On the Dark Face of the Timber

a boy with chalk
marks the door of his house
closes the last ring
of the dartboard
takes a few steps backwards… years later
he knocks at the door reaches the lukewarm
tenderness of the hearth
after crossing the threshold and doesn't notice
the blurry white picked out
by the darts back then:
WHEN WE WERE KIDS
waving an awful mood IT WAS THE GOODIES
WHO SAVED THE FORT AT THE LAST MINUTE
SURROUNDED BY THE BADDIES he would feel
more breath on the chair
less fragile the soup and uphill
the return to work

but today he won't discern the dartboard
(timeshavechanged)
nor even less the boss' head
in its very centre
blown off by a shot

Little Red Riding Hood

> *…and they lived*
> *happily ever after.*

Although anyhow
the ending was happy
little red riding hood would not have been
the wolf's breakfast
nor would she have covered
so many miles in the woods to carry

el tarrito de miel a su abuelita
si hubiera dedicado
más atención a lo que le decían
todos los días a las dos y media
todas las noches a las diez en punto
las radios todas de la vecindad

pero obstinada y terca
no hizo el mínimo caso
de las palabras sabias del sabio guardabosques
y el lobo la zampó

ella tenía de todo
no le faltaba nada:
hasta el olor a bosque que tanto le gustaba
en la pasta dental
si se hubiese quedado
quietecita en casita…
hubiéramos seguido comiendo más perdices
dándonos golpecitos en la nariz…

aunque el final (y eso es lo malo)
de todos modos fue feliz.

Aquí os quisiera ver astuto gato

Aquí os quisiera ver astuto gato
con botas pulgarcito
el valiente de nada
os iban a servir todas las tretas
argucias y artimañas contra batman
y supermán son pocas siete leguas
para alas supersónicas los ogros
tenían poco cerebro y mucho estómago
para poder hacer la digestión
de los tiernos infantes no tenían

the little honey-pot to her grandma
if she had paid
more attention to what they told her
on the neighbours' radios
every day at half past two
and every night at ten o'clock

but obstinate and mulish
she didn't pay the slightest notice
of the wise words of the wise forest-ranger
and the wolf gobbled her up

she had everything
and wanted for nothing:
she even had her much preferred forest scent
in her toothpaste
if only she had kept
quiet at home…
we would have gone on living
happily ever after…

although anyhow the ending
(and that's the trouble) was happy.

Let's See How You Manage Here, Smart Puss

Let's see how you manage here, smart puss
in boots tom thumb
the brave thinks all
your tricks would be useless
your cunning and wiles against batman
and superman seven leagues amount to nothing
compared to supersonic wings the ogres
had small brains and a large stomach
to be able to digest
the tender infants they didn't have

sin embargo radares que les diesen
la pista de la carne ni i.be.emes
para contar en un segundo
cuántas migas dejaste en el camino

mal os ibais a ver frente a james bond
sus secuaces y cía:
expertos en karate
adiestrados en lucha submarina
apagan en silencio un corazón
a cien yardas tomándose un daiquiri

(conocen vuestros trucos tienen
previstos todos vuestros movimientos)

mal os ibais a ver aunque hay rumores
de que en un país remoto del oriente
ocurre exactamente lo contrario.

Todos los desperdicios

I

Todos los desperdicios
eliminados sin preocupaciones
—la basura resulta así invisible—
toda una extensa gama
un producto estudiado para cada
situación (desde lentas digestiones
hasta nocivas tomas de conciencia)
el más moderno y fácil
procedimiento para
la estética y la higiene de la casa
rápida instalación
siga nuestro consejo nuestra marca
es símbolo en el mundo
libre de garantía

however a radar to help them
track the flesh or IBMs
to count in a second
how many crumbs you left on your way

you would have a tough time with james bond
his henchmen & co.:
experts in karate
adept in submarine fighting
they quietly turn a heart off
a hundred yards away while taking a daiquiri

(they know your tricks they have
all your movements anticipated)

you'd have a tough time though rumour has it
that in a remote eastern country
the opposite is completely true.

All the Scraps

I

All the scraps
erased without worry—
the rubbish thus becomes invisible—
a whole extensive range
a studied product for every
situation (from slow digestions
to harmful realisations)
the most up-to-date and easiest
procedure for
your home's aesthetics and hygiene
speedy installation
follow our advice our brand
is a symbol in the free
world of guarantee

cuide la asepsia cotidiana
de su familia duerma
tranquilamente: alguien
vela en alguna parte
por su seguridad

       II

largos años de práctica
respaldan la experiencia
de la casa: ni una
mosca se mueve (hoy completamente
incapaces de dar con la carroña)

       III

Y si el vuelo de alguna
más osada se atreve
a descubrir lo oculto
—a pesar del hermético sellado—
es abatida rápida y sencilla
mente con el producto adecuado y preciso
(véase nuestro catálogo).

En primavera especialmente

En primavera especialmente
su dermis necesita un tratamiento
para neutralizar las secreciones
excesivas limpiar
los poros obstruidos

watch for the daily asepsis
of your family sleep
peacefully: someone
is keeping watch somewhere
over your security

II

long years of practice
back the experience
of our company: not one
fly is heard (now completely
incapable of finding carrion)

III

And if the flight of a
bolder one dares
to discover what's hidden—
despite the hermetic seal—
it will be brought down simply and rapid-
ly with the adequate and exact product
(see our catalogue).

In Spring Especially

In spring especially
your dermis needs a treatment
to neutralise the excessive
secretions to cleanse
the blocked pores

en primavera sobre todo cuando
todo renace es necesario
ANTES DEL MAQUILLAJE
A FONDO vigilar
la natural desecación del cutis
QUE DÉ EL TOQUE FINAL SOBRE SU NUEVO
ROSTRO ADORABLE
                desde luego
hay que evitar en la estación florida
someterse a los rayos infrarrojos
de los atardeceres
sin tomar las debidas precauciones
y —particularmente— rociarse
con gasolina el cuerpo
prenderse fuego y arder vivo
por causas totalmente
ajenas al cuidado de la piel
contrarias al control de la belleza.

Buenas noches

Húndanse blandamente en la sedosa
superficie de pétalos acrílicos
—sobre un rayo de luna
flota bella durmiente resbalando
por la pendiente acariciante del
lento sueño— de nuestros
colchones todo espuma…
despertará jovial como si nada
de lo visto y oído fuera cierto
(cuádruple capa aislante) (servimos
angelitos también para las cuatro
esquinitas de la cuna de sus hijos)

y despertar será —ya lo hemos dicho—
alegre y melodioso: su princesa

in spring particularly when
everything is reborn it is necessary
BEFORE YOUR THOROUGH
MAKING UP to watch
the natural dryness of your complexion
WHICH WILL GIVE THE FINAL TOUCH TO YOUR NEW
ADORABLE FACE
                needless to say
one must avoid in the blossoming season
exposing oneself to the infra-red rays
of sunsets
without taking the necessary precautions
and—especially—sprinkling
one's body with petrol
setting oneself on fire and burning alive
for causes completely
beyond skin care
contrary to beauty control.

Goodnight

Sink softly into the silky
surface of acrylic petals—
on a moonbeam
sleeping beauty floats sliding
on the caressing slope of
lingering sleep—of our
mattresses totally foam…
you will awaken jolly as if nothing
seen or heard were true
(a quadruple insulating layer) (we also
supply little angels to guard
your children's slumbers)

and your awakening will be—we've already said it—
happy and melodious: your

o príncipe —depende—
azul colocará
un beso en su mejilla: mariposa
que anuncie el desayuno ya humeante
como si nada hubiera sucedido.

Otro final para el cuento de la lechera

Cogidita del brazo
en nubes de algodón ha de llevarte
al altar del merengue ya repican
las llaves del coupé saltas sin miedo
cogidita del gancho varonil
tan segura te sientes
en tu papel de mujercita
sin miedo a tropezar: te lleva él, mira
por el futuro de los dos
por el prestigio de la casa…
(tú buscarás el sitio solamente
para colgar el título
el tono del papel de la salita)

y tan contenta vas tarareando
saboreando casi entre los dientes
marcha nupcial de mendelssohn brillante
como un teclado haciéndote ilusiones:
miles y miles de viajes cuello
de Chinchilla esquí acuático
sobre la tersa superficie
de los cheques en blanco…

el espectro del cántaro en pedazos
te tiene sin cuidado —pobrecita
la lechera: adiós leche
adiós vaca terneros granja…— sabes
que hay muchos hombres en el mundo
para una chica como tú: bonita.

princess or blue—it
depends—prince will place
a kiss on your cheek: a butterfly
that announces breakfast now steaming
as if nothing had happened.

A Different Ending for the Milkmaid's Tale

Taken by your arm
among cotton clouds he is to lead you
up the aisle of meringue the keys to the
coupé are now jingling you jump unafraid
hanging well from the manly hook
you feel so assured
in your wifey role
unafraid to stumble: he's taking you, worries
for the future of you both
for the family's prestige…
(you will merely find a place
to hang his degree diploma
the shade of the living-room wallpaper)

and you are humming so happily
almost savouring between your teeth
mendelssohn's wedding march gleaming
like a keyboard raising your hopes:
thousands and thousands of trips
chinchilla fur water-skiing
on the smooth surface
of blank cheques…

you couldn't care less about
the wraith of the shattered pail—poor
little milkmaid: farewell milk
farewell cow calves farm…—you know
there are many men in the world
for a girl like you: pretty.

Oh, náyade, nereida, ninfa, sirena, tía

Oh, náyade, nereida, ninfa, sirena, tía
buena reproducida
todo color tamaño
casi natural muslos
apetitosos anunciando
un producto, pongamos,
anticongelante, verbi gratia
gratia plena de ganas de comerte
poseerte en pleno escaparate

lo malo es que sabemos que nuestro atrevimiento
lo pagaría el seguro
y mucho peor saber que nuestro muerdo
no iba a encontrar una manzana viva
sino más bien sabor de cartonpiedra
y una falsa apariencia de relieve carnal
en la litografía
y acabamos comprando cualquier cosa
en desagravio, buenas tardes,
por nuestros malos pensamientos.

Sueña —las manos al volante—

Sueña —las manos al volante—
con la princesa el caballero
sueña librarla de las garras
del dragón sabatino tan aburrido en casa

cruza raudo entre nubes de monóxido
de carbono el abismo
del paso de peatones salva ileso
arremetiendo audaz contra los ojos rojos
de los semáforos malignos

Oh Naiad, Nereid, Nymph, Siren, Gorgeous

Oh Naiad, Nereid, nymph, siren, gorgeous
chick reproduced
in full colour almost
life-size luscious
thighs advertising
a product, let's say,
antifreeze, for example
grace full of desire to eat you
to possess you in that very shop window

the bad thing is that we know our daring
would be paid by the insurance
and much worse to know that our bite
would not find a live apple
but rather a taste of papier-mâché
and a false appearance of carnal relief
in that lithography
and we'd end up buying anything
to make amends, good afternoon,
for our wicked thoughts.

He Dreams—Hands on the Wheel—

The knight—hands on the wheel—
dreams about his princess
dreams of freeing her from the talons
of the Saturday dragon so bored at home

he crosses swiftly between clouds of carbon
monoxide the abyss
of the pedestrian crossing he overcomes unharmed
boldly rushing against the red
eyes of the malignant traffic lights

cruza soñando mil peligros
resplandeciente de cromados
y cuentan que hechizado
por unas malas hierbas ingeridas
que por doquier allí crecían
el caballero enloqueció creyendo
que su caballo deportivo era
la princesa rosada y que las riendas
es decir el volante eran las manos
de su adorada, la calzada el lecho
del amor del amor... y cada curva
una caricia, acelerando
a fondo contra un árbol expandiendo
en seminal abrazo a la muerte fragmentos
de chatarra, castillos en el aire
—cantaron tristes las sirenas—
como hoy podemos ver
en los diarios de la corte.

Aviso a Gustavo Adolfo Bécquer
(en el centenario de su muerte)

Por los tenebrosos rincones de mi cerebro, acurrucados
y desnudos, duermen los extravagantes hijos de mi fantasía...
G.A.B.

Ya por los tenebrosos
rincones
de tu cerebro andan
midiendo aquilatando
las posibles ganancias
acurrucados los
expertos no desnudos
programadores de palabras...
no duermen ni reposan
los nunca extravagantes
hijos y sucesores
de la potente empresa

he crosses dreaming a thousand perils
shining with chromium plating
and it is said that bewitched
by some swallowed evil plants
that grew there all about
the knight went crazy believing
his sporting horse was
the rosy princess and that the reins
that is the wheel were the hands
of his beloved, the roadway the bed
of love's love… and every curve
a caress, putting his foot down
on the accelerator against a tree shattering
with a seeding deadly embrace shards
of junk, castles in the air—
the sirens sang sadly—
as we can see today
in the news reports of the court.

Warning to Gustavo Adolfo Bécquer
(on the centenary of his death)

Throughout the gloomy nooks of my brain, stripped
and huddled, the eccentric offspring of my fancy sleep…
G.A.B.

Now throughout the gloomy
nooks
of your brain
measuring assessing
the possible profits
are the huddled
not stripped expert
programmers of words…
they do not sleep or rest,
the never-eccentric
offspring and successors
of the powerful publishing

editorial salidos
no de mi fantasía
sino más bien digamos de despachos
en cuyo centro se divisa
el dictáfono a modo
de dictador de modas y allá el arpa
tu arpa bécquer gustavo adolfo el arpa
esperando una mano (no de nieve)
que bien sepa arrancarla del cuaderno
de tus eternas colegialas para
promocionarla en atractiva
presentación a gran escala
limpia de polvo y luminosa
ahora que hace cien años ya cien años
del último bacilo de koch que te llevara

Sobre la efímera existencia
(epílogo)

Sobre la efímera existencia
de la amapola roja ha sido dicho
todo, de las hormigas
doctas palabras se han escrito
describiendo su vida laboriosa
su acarreo previsor de provisiones
para el amargo invierno
                        mil tratados
de geología y botánica registran
los nombres de las piedras y las inflorescencias
(la más pequeña hierba está clasificada)
nada, pues, tengo que decir
de todo lo que veo, aunque me es fácil
levantar la cabeza, erguirme, distinguir
al fondo del paisaje —abandonando
mi siesta pastoril— el desolado y alto
muro de la prisión
y no escribir en él y sobre él
una palabra sola: libertad.

house come out
not from my fancy
but rather let us say from offices
in whose centre the dictaphone
is sighted by way
of a dictator of fashion and over there the harp
your harp bécquer gustavo adolfo the harp
awaiting a hand (not of snow)
which knows how to tear it out of the notebook
of your eternal schoolgirls
to promote it with an attractive
format on a large scale
clear of dust and luminous
now that a hundred years ago it's been a hundred years
since the last tubercle bacillus took you away

On Ephemeral Existence
(epilogue)

On the ephemeral existence
of the red poppy everything has been
said, about the ants
scholarly words have been written
describing their toilsome life
their foresightful carrying of provisions
for the bitter winter
                a thousand treatises
on geology and botany record
the names of rocks and inflorescences
(the tiniest plant is classified)
nothing, then, have I to say
of everything I see, although it's easy for me
to raise my head, to raise myself, to distinguish
at the far end of the landscape—giving up
my pastoral siesta—the desolate and high
wall of my prison
and not write on it or about it
a single word: freedom.

de

NATURALEZA NO RECUPERABLE

[1972-1974] (1991)

from

IRRETRIEVABLE NATURE

[1972-4] (1991)

Arte popular

«Viva mi amo manuel sánchez
en compañía muchos años
de su querida esposa carolina
garcía vecinos en la villa
de paradinas de san juan
jurisdicción de peñaranda mayo
del año del señor 1861»
                          reza
el cuerno cebador de pólvora que ángel
briones natural
y vecino también del referido
pueblo grabara a punta de navaja
en el escaño en la cocina cuando
no había labor en la heredad y fuego
en el hogar ardía de sarmientos:
las granadas el cárabo
el sol brillante los claveles
y la serena de la mar quedaron
grabados mismamente
para que luego Manuel Sánchez
natural asimismo y no vecino
del pueblo nada quiere
saber vendiera el cuerno
de su tatarabuelo y el sobrado
por dos consumiciones con derecho
ni a escándalo en la sala
de fiestas desertor
del arado y con piso
con tresillo y portero
calefacción central el campo
es muy sacrificado y estas cosas
hay quien las colecciona.

Popular Art

'Long live my master manuel sánchez
for many years in the company
of his beloved spouse carolina
garcía, inhabitants of the town
of paradinas de san juan
jurisdiction of peñaranda, may
of the year of our lord 1861'
                                        reads
the powder horn for a muzzleloader that ángel
briones, a native
and inhabitant of the above
village, carved at penknife point
on the kitchen bench when
there was no work on the estate and fire
in the hearth burned from vine-shoots:
the pomegranates the tawny owl
the shining sun the carnations
and the sea night dew remained
engraved exactly
so that later Manuel Sánchez
likewise a native though not an inhabitant—
he wants to know nothing about
the village—would sell the horn
of his great-great-grandfather and the attic
for two drinks without the right
to make a racket in the night
club abandoning
the plough and with a flat
with a three-seater couch and a janitor
central heating working the land
is very demanding and these things
there are people who collect them.

Aspersión

Harás el aspersorio con verbena
yerbadoncella salvia
menta fresno y albahaca
(en todo caso añade un trozo de romero)
todo atado (con hilo
por una joven virgen)
en torno a una varita de avellano silvestre
de tres palmos de largo

Y sábete que dondequiera
que te encuentres y hagas
asperges con lo dicho
ahuyentarás tus obsesiones

(a falta de las hierbas
mencionadas arriba
puedes sustituirlas
perfectamente por
helechos artemisa ruda enebro llantén...).

Gloriosas malashierbas glorioso coleóptero
que nos vieron ayer junto a la cerca
cómplice retozar ellas lozana
cama nos ofrecieron fresca almohada
olores de afrodita (hierbabuena magarzas lechetreznas...)
y él sus dorados élitros que recogían los últimos
rayos como dos lámparas gloriosas

Hurra a vosotros que sobrevivisteis
al DDT y los herbicidas
                      ¡Hurra!

Sprinkling

You must prepare the aspergillum with verbena
periwinkle sage
mint strawberry and basil
(at most add a bit of rosemary)
all tied (with a thread
by a young virgin)
around a wand of wild hazel
three hand-spans long

And know that wherever
you are and do
the sprinkling with the above said
you will banish your obsessions

(lacking the above
mentioned plants
you can substitute them
just fine with
ferns rue mugwort juniper plantain…)

Glorious weeds glorious coleopteran
which saw us yesterday beside
the conspiratorial gate romping about
they offered us a bed a fresh pillow
fragrances of cryptogams (spearmint feverfew sun spurge…)
and it, its golden elytra which picked up the last
sunrays like two glorious lamps

Hurrah to you who survived
DDT and herbicides
                        Hurrah!

Trilogía de los elfos

I

(Cuando en las noches claras
bajo los tilos
danzan en corro los
elfos en las praderas
trazan en ellas círculos
verdes donde con nuevo
vigor renacerán
las hierbas que sus pies alados pisan)

II

(cada tronco de árbol corresponde
de un elfo a la morada)

III

cuídense de ofender
al árbol habitado por los elfos
jamás
traten de sorprenderlos
/con talas tiralíneas sistemáticas riegos/
en sus retiros misteriosos
teman
pisotear la hierba en que a sus rondas
nocturnas se entregaban

pueden acaecerles si lo hacen:
        daño aojamiento enfermedad
        desgracia familiar ruina miseria
        mayor confort en el apartamento
        —si no pierden la vida—

por suerte existe un
fácil remedio: basta

Trilogy of the Elves

I

(When on clear nights
under the lime trees
the elves dance in a
ring in the meadows
they trace in them green
circles where with newfound
strength will be reborn
the plants their winged feet tread)

II

(every tree trunk corresponds
to an elf's dwelling)

III

take care never to offend
the tree where the elves dwell
never
attempt to surprise them
/with fellings systematic drawing pens irrigations/
in their mysterious retreats
fear
to tread the herbs to which they devoted
themselves on their night patrols

these things can happen to you if you do so:
      harm the evil eye sickness
      family misfortune ruin misery
      greater comfort in your apartment—
      if you don't lose your life—

an easy cure luckily
exists: it's enough

quemar un poco de
valeriana:
   al momento
Vds. los verán aparecer
bajo la forma delicada
de frágiles muñecas
que gemirán dirán suplicarán
«mamá» «pipí»… según
el disco que se elija.

    §

… miraba el huerto como si fuera suyo, no por dineros,
sino por antigua posesión de linaje y de pensamientos

al huerto que plantara
ese aquel bisabuelo que ya dejaba escrito lo presente
—roturando rompiendo
alumbrando las aguas venideras—
y nada vio
    las cañas del estanque
las grosellas el guindo
que aguantó dos ciclones
el parral que abrazaba la atalaya
el paseo de frutales las frambuesas de seda
los bancos de pizarra
los aperos colgados la azada de juguete
el nogal y su fronda
el roce del columpio en la corteza
        nada
solo una muchedumbre de baja remolacha
el terruño allanado y dicen que la misma
agua que ya no vale la pena ni beber.

to burn a little
valerian:
        at once
you will see them appear
under the delicate form
of fragile dolls
that will moan speak plead
'mammy' 'wee-wee'… depending on
the disk selected.

§

…he was looking at the garden as if it were his, not bought,
but by an ancient possession of lineage and thought

at the garden planted
by that great-grandfather who left written what can be seen—
ploughing up levelling
finding out the future waters—
but saw nothing
                the pond reeds
the redcurrants the cherry tree
that endured two cyclones
the vine arbour that embraced the watchtower
the avenue lined with fruit trees the silk raspberries
the slate benches
the hung tools the toy hoe
the walnut tree and its foliage
the friction of the swing on the bark
                              nothing
only a crowd of low beetroot
the plot of levelled land and they say that the very
water that is now not worth drinking.

§

La diferencia estriba en que el vencejo
migratorio que vuelve
a beber en la charca no comprende no sabe
no entiende no habla inglés no tiene idea
de finanzas y bebe
y alza el vuelo final y se le cruzan
debajo de los ojos los surcos que le vieron
nacer como dos fémures de muerte…

Aunque la lata lubricante no
lleva grabada sobre el flanco
bilingüe entre sus múltiples
usos y aplicaciones
la propiedad de ser en ocasiones barca
de Caronte
en la mitología de los vencejos.

Cartomancia rural

Si al echarte las cartas
revolotea una mariposa
blanca es un buen augurio

Y si mientras te echan
las cartas escuchamos
graznar a una corneja
o bien un canto de lechuza
(—¡Es estupendo: estamos en el campo!)
tendrás noticias de la muerte
de un ser querido (—¡Auxilio!).

§

The difference lies in the migratory
swift that returns
to drink in the pool—it doesn't understand doesn't know
doesn't comprehend doesn't speak English has no idea
about finances and it drinks
and rises in final flight and beneath its eyes
cross the furrows that saw it
being born like two thighbones of death…

However, the can of lubricant does not
have engraved on its bilingual
side among its multiple
uses and applications
the propriety of being an occasional boat
of Charon
in the mythology of swifts.

Rural Fortune-Telling

If on reading your cards
a white butterfly
flutters, it augurs well

And if on telling your
fortune you hear
a crow cawing
or rather the song of a barn owl,
('It's great: we are in the country!')
you will have news of the death
of a loved one ('Help!')

El agua más pura

A medida que iba
avanzando hacia el
lago alpino flanqueado
de montañas azules
y blancas hacia el agua
serena reflejando
el sereno celaje
hacia los ventisqueros
que cortaban el paso
la sed y la esperanza
de saciarla aumentaban:
todo permanecía
inmóvil: punto muerto

A medida que iba
alejándose el
camión con su glacial
su blanquiazul espalda
se distinguían las letras
cada vez más pequeñas y patentes
de la marca del agua registrada.

§

Chaparrón, suelta prenda
diles torrencialmente lo que han hecho
suéltales lo que hicieron que no volvieron a
coronar la cucaña ni a entrelazar las cintas
sino poner en venta el atavío
envasar romería y esconderse
en su cubil motorizado diles
verdades del barquero
a los que siembran tósigo a voleo

The Purest Water

As it gradually
advanced toward the
alpine lake flanked
by blue and white
mountains toward the tranquil
water reflecting
the serene cloudscape
toward the snowdrifts
that blocked the way
thirst and the hope
of sating it increased—
everything remained
motionless: deadlock

As the truck
gradually drew away
with its icy
its white and blue back
the letters could be made out
increasingly smaller and clearer
of the water's registered trademark.

§

Cloudburst, give it all away
torrentially tell them what they have done
let fly what they did—they didn't come back
to top the greasy pole or to intertwine the ribbons
but to put the attire on sale
to can the procession and hide
in their motorized lair tell
the boatman's truths
to those who scatter poisonous seed

y devoran no siegan con dragones sin ojos
nidadas de perdiz cada año menos

Ven a aguarles la fiesta, chaparrón
sin tu amigo el nublado de anunciante
arrásales las gafas
de mirar por mirar empápales
las risas hasta el
niquelado cancel de sus guaridas

que seguirán sin enterarse
y te creerán solo de agua
pronunciarán borrasca como loros
de trapo y tu violencia
no será comprendida
                    Pero cae
y arrástrame las lágrimas contigo
hasta el drenaje de la primavera.

§

Ir al campo bebernos todo el campo
subirnos a las ramas
¡qué maravilla andarse por las ramas!
confundirnos las bocas con cerezas
oler a jara el cuerpo
merendar la cascada y chocolate
trenzarte una corona de juncos del arroyo
contar las veces que la piedra roza
con el agua aprender
botánica sin flexo
zoología sin matrícula

Pero el señor rector y sus bedeles
nos tienen encerrados a la sombra
del Árbol de la Ciencia
y lo siguen regando

and wolf down not reap with eyeless dragons
partridge broods less and less every year

Come to spoil their fun, cloudburst
without your friend the storm cloud as a herald
devastate their looking-for-looking's-
sake glasses get their laughter
drenched down to the
nickel-plated storm door of their lairs

for they won't even learn
and they will think you're just water
they will utter storm rag parrot-
fashion and your violence
will not be understood
                        But fall
and sweep away my tears
down to the spring's drain.

§

Going to the country, drinking up the countryside
capering about the bushes—
How wonderful to beat around the bush!
to merge our mouths with cherries
to fill our body with the scent of rockrose
to lunch on the waterfall and chocolate
to plait a crown of stream reeds for you
to count how many times the stone grazes
the water to learn
botany without a desk lamp
zoology without a registration

But Mr Chancellor and his beadles
have us locked up in the shade
of the Tree of Knowledge
and they keep on watering it

con tinta de tampón
                ¡Maldito frutal este
que no da más que peros!

      §

Oda al adobe...

—Ah de la urbe interminable
ah del odioso laberinto
donde la casa es
una-unidad-de-otra
unidad-que-es-la-calle
¿cuál es mi hogar su tacto y su camino?

Un adobe caído (no contestan)
al lado de la charca se hace orilla
en menos que la luna se hace llena

Oda al adobe y al verdín
que pierden la batalla contra ese
polvo sin nombre
que enlutece las útiles aristas
de piedra falsa
          Oda
al adobe al verdín y a la buhardilla
donde entraba la aurora quedamente.

with ink-pad ink
    Damned fruit tree!
It produces nothing but snags!

§

Ode to the Adobe…

'Ahoy there, endless town
ahoy there, hateful labyrinth
where each house is
one-unit-of-another
unit-that-is-the-street
Which is my home its touch and its pathway?'

A fallen adobe (they won't reply)
alongside the pond becomes its bank
faster than the moon becomes full

Ode to the adobe and the moss
which lose the battle against that
nameless dust
which darkens the useful edges
of false stone
    Ode
to the adobe to the moss and the attic
where dawn entered quietly.

de

Estampas de ultramar

[1974] (1986)

from

OVERSEAS SCENES

[1974] (1986)

(Atendiendo no solo a las órdenes
de la administración holandesa)

No tengo aquí que transportar bagajes
ni pertrechos, soldados, municiones,
mujeres. No preciso tres canoas
ni procurarme otra o dar recados

Puede que la partida se haya fijado para
las cinco de la tarde
(El sultán de Tidor prometió ayuda)
Puede ser que ni sea necesario
apagar la citada insurrección

No sé qué hacer con el papel
donde apunté: «los mercenarios
cobrarán del botín»

Lo que de veras necesito
es abrir un paréntesis.

Paradisaea papua

La hembra no tiene nada de notable
sus plumas pasan
del blanco al *beige* por gradaciones suaves

Ni por todo el oro del mundo
me tomaría la molestia
de examinar al macho y cuándo llega
a toda su belleza. Prefiero a este respecto
fiarme del testimonio de los nativos fieles

Estas aves
a pesar de haber visto algunas de ellas

(Fulfilling Not Only the Orders of the Dutch Administration)

Here I don't have to transport baggage
or military supplies, soldiers, munitions,
women. I don't need three canoes
or getting me another one or sending messages

Maybe the departure is set for
five in the evening
(The Sultan of Tidore promised assistance)
Perhaps it won't even be necessary
to put down the aforementioned uprising

I don't know what to do with the paper
where I noted 'the mercenaries
will be paid from the plunder'

What indeed I need
is to open a parenthesis.

Paradisaea papua

The female has nothing extraordinary
her feathers shade
from white to beige in gentle gradations

Not for all the gold in the world
would I take the trouble
of inspecting the male and when it reaches
all its beauty. I prefer in this regard
to credit the witness of the loyal natives

These birds
despite having seen some of them

en cautividad
inspiran el deseo de perseguirlas
en sus bosques natales

Pero para cazarlas, sorprenderlas,
es del todo preciso ir vestido de gris.

Entradas y salidas

Se ha preferido a todo la excelencia
del lugar para penitenciaría
Si tratan de escaparse
por mar los deportados
sus frágiles canoas
romperán contra los arrecifes
Si por tierra superan
el cordón que los guarda,
acabarán en manos de caníbales…

En las exportaciones sobresale el ajenjo,
papeles judiciales en las importaciones.

Hombres y mujeres *sioux*
(De una fotografía)

«Aquí —me dicen— las mejores fresas
no valen más de medio *dollar*
Por aquí en las montañas
es muy tardía la vegetación
(y estas son las primeras)»

in captivity
incite the desire to pursue them
in their native forests

But to hunt them, to surprise them,
it is absolutely necessary to be dressed in grey.

Receipts and Outgoings

It's been paramount the excellence
of the place when turned into a penitentiary
If the deported try
to escape by sea
their fragile canoes
will smash against the reefs
If by land they get through
the cordon that guards them,
they will end up in the hands of cannibals…

Wormwood is their outstanding export,
judicial papers their import.

Sioux Men and Women
(From a photograph)

'Here—they tell me—the best strawberries
cost no more than half a dollar
Around here in the mountains
vegetation is very late
(and these are the first)'

Acompañados por el cura
de la comunidad episcopal
(joven recién llegado de Inglaterra)
los niños solamente
parecen divertirse

                Entablo una
grata conversación
con este caballero de buen tono:

«Detrás de las montañas dicen
que habitaban los *sioux*.»

Monumento a Wills y Burke

El 28 de junio, agonizante, Wills
confía a Burke el reloj y dos palabras
de despedida para su padre

                Tras dos días
de marcha Burke cae aniquilado,
pide a su compañero que deje su cadáver
sin sepultura bajo el sol
del desierto en que había
trazado los caminos de su siglo

                El día 30
hunde su rostro en la arena, mira la Cruz del Sur
y sus ojos se apagan

                King vagó por los bosques
llorando enloquecido a sus dos jefes...

Guiado por él, Howitt
halló los esqueletos que cuidadosamente
los nativos habían recubierto
con ramajes

Accompanied by the priest
of the Episcopal community
(a young man recently arrived from England)
the children only
seem amused

      I strike up a
pleasant conversation
with this gentleman of nice voice:

'Behind the mountains they say
that the Sioux used to live.'

Monument to Wills and Burke

On June 28th, in his death's throes, Wills
entrusted Burke with his watch and a few words
of farewell to his father

      After two days
of progress Burke fell ill,
he pleaded with his companion to leave his corpse
unburied under the sun
of the desert on which he had
traced the routes of the century

      On the 30th
he sank his face in the sand, looked at the Southern Cross
and his eyes closed

      King wandered through the forest
weeping crazily for his two bosses…

Guided by him, Howitt
found two skeletons which the natives
had carefully covered
with branches

                    Al lado
de Burke, a su derecha
estaba su revólver

                    II

El monumento que
se les ha consagrado
es de granito y bronce; el pedestal
está adornado con bajorrelieves
que representan cuatro escenas
—desde
la partida triunfal de Melbourne hasta el
desenlace fatal—

                    Cerca se eleva
la Casa del Tesoro y el Palacio
de Comunicaciones.

Una casa ambulante, Chicago

¡No es un antojo de la fantasía!:
esa casa se mueve, marcha (puesta
sobre una tarima que descansa
sobre unos rodillos, un caballo
y tres hombres, por medio
de un cabestrante, la deslizan). Sale
humo en la chimenea: sin duda se prepara la comida
Salen de una ventana
las notas de un piano. La Traviatta
acaba confundiéndose
con el rechinamiento de las vigas
                        ¡Chicago!

                    Alongside
Burke, on his right
was his revolver

                         II

The monument which
was dedicated to them
is made of granite and bronze; the pedestal
is adorned with bas-reliefs
which represent four scenes—
from
the triumphal departure from Melbourne to the
fatal outcome—

              Nearby rises
the Treasury and the Palace
of Communications.

A Moveable House, Chicago

It isn't a whim of fancy!:
that house is moving, progressing (laid
on a platform that rests
on some rollers, a horse
and three men, by means
of a winch, make it glide). The chimney
is smoking: No doubt food is being prepared
Piano notes come out
of a window. La Traviata
ends up mixing with
the creaking of the beams
                         Chicago!

¡Depósito de trigo del Wisconsin
y Minnesota! Sobre el lago miles
de siluetas

        Los inmensos silos
y los *elevadores* son la gloria
de los casi 320.000 habitantes

Más de una hora se tarda en recorrer
a los bordes del lago la Avenida
Michigan. La constancia
de esta nación emprendedora
ha obtenido estos grandes resultados
que no son nada comparados con
lo que aún les resta por hacer

Aquí nadie descansa, aquí la vida
no se para un segundo. Las macetas
tiemblan en la terraza de la casa ambulante.

Relato del Barón de Hubner en la legación de Rusia sobre su sueño de la infancia

… la calzada
está en muy mal estado. Preferimos
evitar las carreteras y los perros
y seguir la otra orilla del canal

La hora es ya avanzada. Las puertas de Pekín
se cierran puntualmente a la puesta del sol
circunstancia que obliga a los viajeros
a galopar a rienda suelta
Pueblecillos y casas solitarias
rodeadas de huertas. De repente
exclamaciones de sorpresa salen
de la boca de todos. Detenemos

Crop warehouse for Wisconsin
and Minnesota! Over the lake thousands
of silhouettes

        The huge silos
and the *elevators* are the glory
of its almost 320,000 inhabitants

It takes more than an hour to walk
Michigan Avenue along the
lake. The persistence
of this enterprising nation
has achieved these great results
which amount to nothing if compared
with what lies ahead of them

Here nobody rests, here life
doesn't stop for a second. The flowerpots
shake on the terrace of the moveable house.

Report of Baron Hubner at the Russian Legation on His Dream of Infancy

…the road
was in very bad condition. We preferred
to avoid the main routes and the dogs
and to follow the other bank of the canal

The time was already late. The doors of Peking
are punctually closed at sunset
a circumstance that obliges travellers
to gallop at top speed
Small villages and solitary houses
surrounded by orchards. Suddenly
shouts of surprise leapt
from everyone's mouth. We pulled up

los caballos. Enfrente de nosotros
bajo el disco del sol se extiende hasta perderse
de vista una muralla inmensa

                    Por encima
de la sombría muralla
asoman las colinas del Palacio de Estío
y a lo lejos
confundiéndose casi con las nubes
las cordilleras de Mongolia

Media hora después, por la puerta llamada
Tung-pien-men, penetrábamos
en la ciudad Celeste
                    La guardia hace ademán
de cortarnos el paso,
pero ante la presencia de la bella amazona
se detiene y seguimos adelante
sin que nadie nos haya hasta el momento
pedido los salvoconductos.

Comentarios de un oficial de la Marina francesa al monumento a Colón

Muy cerca del estanque que recibe
los desagües, poblado de aligátores
que limpian los detritus de miles de habitantes
—nadie molesta a tales monstruos
en ese desempeño de tan útil función—
se alza, sin pedestal
todavía, un magnífico
grupo escultórico que representa a América
y a Cristóbal Colón, suntuoso regalo
de la Ex-Emperatriz Eugenia. Erguido
y al mismo tiempo tierno,
Colón abraza, protector, a una

the horses. In front of us
under the disk of the sun an immense
wall stretched out of sight

                  Above
the shady wall
the Summer Palace hills appeared
and in the distance
blending almost with the clouds
the mountain ranges of Mongolia

Half an hour later, by the door called
Tung-pien-men, we penetrated
the Celestial City
                  The guard got ready
to cut off our way,
but before the presence of the beautiful horsewoman
it halted and we went on—
no-one up till now
has asked for our safe-conducts.

Comments by an Officer of the French Navy About the Monument to Columbus

Very near the pool that receives
the drainage, full of alligators
which clean up the waste of thousands of people—
no one bothers such monsters
when carrying out their so useful function—
there rises, still
with no pedestal, a magnificent
sculptured group that represents America
and Christopher Columbus, a sumptuous present
from the ex-Empress Eugenia. Upright
and at the same time tender,
Columbus embraces, protectively, a

mujer pequeña totalmente
desnuda, temerosa pero bella:
tan bella que nos hace
pensar —más que en las indias
desharrapadas y de líneas bastas—
en una de esas finas
encantadoras parisienses vestidas de capricho.

Asamblea reunida en Papeete

Y la asamblea indígena, compuesta
de diputados de
todas las islas del protectorado
formuló el voto
de que en lo sucesivo el archipiélago
no fuese designado con el nombre
de Paümotu (islas sometidas)
mas con el de Tuamotu (islas lejanas)

Y las autoridades,
satisfaciendo este deseo, no han dado
otro nombre a las islas
que el de Tuamotu, oficialmente
desde 1852

Terminado el almuerzo,
una piragua nos conduce a tierra.

small woman totally
naked, timorous but beautiful:
so beautiful that it makes us
think—more than about the ragged
and crudely shaped female Indians—
about one of those fine
Parisian singers fashionably dressed.

An Assembly Called Together in Papeete

And the indigenous assembly, composed
of deputies from
all the islands of the protectorate
formulated the vote
that henceforth the archipelago
would not be referred to by the name
of Paumotu (subjected islands)
but by that of Tuamotu (distant islands)

And the authorities,
satisfying this wish, have not given
any other name to the islands
but that of Tuamotu, officially
since 1852

Lunch ended,
a canoe brings us ashore.

Noches de Tremecén

Es absolutamente necesario
haber viajado por Argelia
para llegar a comprender
la quietud admirable de esas noches de luna
Y si el astro nocturno no aparece
basta la claridad de las estrellas
para ver los menores detalles del paisaje
envuelto en una sombra luminosa.
El profundo silencio de esas noches templadas
tiene algo, no sé, de religioso

Solo si los cobardes perros de los aduares
se despiertan ladrando
se disipan al punto nuestros sueños
y nuestras ilusiones.

Entusiasmo de un joven demócrata

«La miel de las abejas de Florida
es más suave y sutil que vuestra miel:
Nuestras abejas liban del ajenjo
lo que da un leve aroma amargo muy agradable
No tienen reina ni aguijón: son libres
y enteramente inofensivas
De ellas hemos copiado nuestras instituciones»

Y, orgulloso del triunfo que se leía en sus ojos,
me cogió por el brazo y me empujó al camino
en tanto que entonaba los primeros compases…

Tlemcen Nights

It is imperative
to have travelled through Algeria
to come to understand
the admirable tranquillity of those moonlit nights
And if the night's heavenly body does not appear,
the clearness of the stars is enough
to see the slightest detail of the countryside
enveloped in a luminous shade.
The deep silence of those warm nights
is somehow, I don't know, religious

Only if the cowardly dogs from the douars
wake up barking
at once our dreams
and hopes are dispelled.

Enthusiasm of a Young Democrat

'The honey of Florida bees
is smoother and subtler than yours:
Our bees suck from wormwood
which gives it a slightly bitter, very pleasant aroma
They have no queen or sting: they are free
and completely harmless
We have copied our institutions after them'

And, proud of the triumph written in his eyes,
he grabbed my arm and pushed me to the road
while he sang the opening bars…

de

Definición de savia

[1974] (1991)

from

DEFINITION OF SAP

[1974] (1991)

Aquella música que nunca
acepta su armonía es armonía:
arpegios que se miran en la luna,
trinos que se regalan el oído
son sucia miel, no música

Tienes ejemplos en las olas
que saben que su próxima batida
en el acantilado no es la última
ni la mejor de todas
                    y en la lluvia
que da su aroma a tierra agradecida
y no puede sentirlo

              De la lucha
contra sus propios ídolos
nace toda, la única
armonía celeste: lluvias, olas
son insatisfacción, son melodía,
inagotable música.

Situación del poeta

La mano sujetando
con delicado gesto, levemente,
la poma fue escogida
por las puertas de alcurnia —doble hoja,
herrajes estrellados...— para uso
de llamador

            Muy pocos
se atrevían a alzar aldabas tales
de bronce y bocamanga de blondas asimismo
de bronce —demasiado
finos los dedos para ser impune
la llamada—

That music never
accepting its harmony is harmony:
arpeggios that look at themselves in the moon,
trills that delight their own ears
are soiled honey, not music

You'll find examples in the waves
that know their next beat
on the cliff is not the last
or the best of all
              and in the rain
that gives its perfume to the grateful earth
and cannot feel it

          All, the only
heavenly harmony is born
to the fight against
its own idols: rains, waves
are a dissatisfaction, are melody,
inexhaustible music.

The Poet's Situation

A hand holding
with delicate gesture, lightly,
an apple was chosen
by ancestral doors—a double door,
starred ironworks...—to be used
as a door knocker

          Very few
dared to raise such bronze
knockers and a cuff of blonde laces equally
of bronze—the fingers
too slender for the knock to be left
unpunished—

                    Cualquiera, sin embargo,
podía empuñar aquellas más pequeñas,
en hierro, de más tosco
gesto, que señalaban una estirpe
de baja fundición en las rebabas
del molde... y esperar un diosleampare

de quien daría su mano
derecha con tal de
que el hierro fuera bronce de la noche
a la mañana:

            el odio
al enemigo nunca fue otra cosa
que envidia
            Los poetas,
convocados por unos y por otros,
no pueden escoger entre metales
(tan nobles en su puesto de materia
inerte): solo pueden
reafirmar su desprecio a los dos bandos,
morir entre dos fuegos.

Salicio vive en el tercero izquierda

Ni siquiera hay lugar para que sea
dulce el lamento, musical el llanto:
aire claro, alta cumbre, verde valle
alivian, glorifican, oxigenan
las lágrimas: las hacen respirables,
navegable a la luz la soledad...

Pero, decidme, aquí, que mi ventana
—y es suerte que no encuentre otro bostezo
en la pared de enfrente, abajo un patio
donde soñar la muerte

             Anyone, however,
could clutch those smaller ones,
of iron, with a rougher
gesture, which marked a lineage
of low smelting on the mould
burrs… and expect a mayheavenhelpyou

from whomever would give his
right hand so that
the iron were bronze over-
night:

      hatred
toward one's enemy was never anything
but envy
          Poets,
called together by some and others,
cannot choose between metals
(so noble is their place of lifeless
matter): they can only
reaffirm their contempt for both sides,
die in the crossfire.

Salicio Lives on the Third Floor, Left

There is not even room for
the lament to be sweet, the plaint musical:
clear air, high summit, green valley
relieve, glorify, aerate
one's tears: make them breathable,
and solitude navigable in the light…

But tell me, here, where my window—
and we're lucky there's no other yawn
on the facing wall, a patio down below
where we can dream of death

nueve con ocho metros por segundo—
da a un jardín profanado por la prisa,
a una boca de riego violentada,
a un árbol flagelado por los sábados,
a un puré de residuos,
al reino que alquilaron los pastores
que vendieron al lobo los rebaños...
aquí, ¿qué abrazo cabe
con qué que me consuele
del difunto dolor —no hay dolor vivo:
hiere el hedor— de tu distancia?

        Solo
cabe un camino, un ápice de gloria:
llamar al ascensor, bajo el amparo
de la noche, ocultar unas tijeras
hasta la portería y, mientras pulsas
el botón de regreso, ante la luna,
ceñir con hiedra artificial la frente.

Tríptico del Tormes

I (Ab urbe condita)

Te plantaban, higuera, cada vez que —las nubes
se quedaban suspensas
frente a la nueva acrópolis, y el agua
miraba para arriba— se fundaba
una nueva ciudad: definitivo
lugar para el descanso de los viejos
hartos de trashumancias y de heridas,
taller para la savia de los jóvenes
ansiosos de un hogar para unas trenzas

Ahora ya no te plantan; te devoran
con tu patio y tu pozo, con la casa

nine point eight metres per second—
opens on a garden profaned by haste,
on a forced hydrant,
on a tree flagellated by Saturdays,
on a puree of waste,
on the kingdom that was rented out by
the shepherds who sold their flocks to the wolf…
here, What embrace is there
how may I be consoled
from the deceased pain—there's no living pain:
the stench wounds—of your distance?

                                      There's
only one way, a peak of glory:
to call the lift, under the shelter
of night, to hide some scissors
as far as the caretaker's office and, while you press
the return button, before the moon,
to cover your forehead with artificial ivy.

Triptych of the Tormes

I (Ab urbe condita)

They planted you, fig-tree, each time that—the clouds
stayed suspended
in front to the new acropolis, and the water
looked up—a new city
was founded: a definitive
place for the resting of the old
fed-up with transhumances and wounds,
a workshop for the young's sap,
desirous of a home for some plaits

Now they no longer plant you; they devour you
with your patio and your well, with the house

que heredaba palomas de aquel aire
antiguo. Tu madera —la Discordia
mala fama a tu sombra dio— no sirve
para incinerar monstruos, malamente
acaba en la escombrera entremezclada
con tejas y cimientos

          Sobre el puente
y dando techo al toro, y en sinople,
campeas en el escudo —en papeleras,
autobuses y bancos— de mi ciudad: «un árbol»
dicen de ti, una encina
agreste. Te olvidaron,
la maldición subió desde tu sombra
hasta tu estampa. Era
tu condición urbana, al mismo tiempo
que fuiste condición para ciudad que ahora
te tala y te suplanta y se suplanta
y se oculta a sí misma bajo muros
de vergüenza

          Resistes y te encuentro
a la orilla del Tormes tras un tapial caído
prometiendo —es agosto— una sazón tan póstuma
como esa barca rota que hace agua
podrida
          Y, palma a hoja,
estoma a poro, sello en un saludo
áspero y firme, pese a todo firme,
un inútil acuerdo con la ciudad perdida.

    II (De no haber sido que...)

Quizá porque esta luz difuminada
cambia todo color, lo hace más triste,
me he fijado en la puerta
que nunca vi y que tantas
veces miré: jamás se abre,
sus molduras azules guardan polvo

that inherited pigeons from that
ancient air. Your timber—Discord
gave a bad name to your shade—does not serve
to incinerate monsters, it barely
ends up in the dump mixed
with roof-tiles and foundations

                                            On the bridge
and being a roof over the bull, and in vert,
you flutter in the coat of arms—on litter bins,
buses and benches—of my city: 'a tree'
they say of you, a rustic
holm oak. They forgot you,
the curse climbed from your shade
to your picture. It was
your urban condition, while
you were also a condition for the city that now
fells you and supplants you and supplants itself
and hides beneath walls
of shame

        You hold out and I find you
on the bank of the Tormes behind a fallen wall
promising—it is August—an occasion as posthumous
as this broken boat that takes in putrid
water
        And, palm to leaf,
stoma to pore, I seal with a strong
harsh greeting, yet firm,
a useless accord with the lost city.

    II (IF IT HADN'T...)

Maybe because this diffused light
changes every colour, makes them sadder,
I have noticed that door
I never saw and I looked at
so many times: it is never opened,
its blue frame has been dusty

quién sabe si de siglos, su alto rango
conoció más la gubia que la azuela.
Qué hace aquí clausurando
un extraño almacén junto a las viejas
tenerías sin techumbre donde la ortiga crece.
Pretender descifrarla, hacer que nadie
comprenda su belleza es algo inútil:
hubo que estar allí y allí estuvimos;
y sucumbimos casi

        Al otro lado
del río —¿acaso tuvo
que ver con esa luz desvanecida? —
un anillo de ocre en el albero
fue señal de que un potro fue domado:
                              No hizo
falta oír el piafar ni ver las crines

Bastó el círculo aquel
contra un fondo de grúas —mal presagio—
para que nunca olvide aquella puerta
que tal vez vuelva a ver
y su color que nunca será el mismo.

     III (Aceñas)

En invierno es difícil recontar las aceñas
por dos motivos: uno
es que el verano es eso: pasear
a lo largo del río (cruzar puentes,
pesqueras, islas, vados)
o renunciar a hacerlo por miedo a que la muela
no gire, la compuerta
sea presa de las ovas y la rueda
no tenga una paleta sin pudrir.
No es miedo: es certidumbre.

                   Otro motivo
es que en invierno el río

perhaps for centuries, its high rank
knew better the gouge than the adze.
What is it doing here closing down
a strange warehouse beside the old
roofless tanneries where nettles grow.
Trying to decipher it, making no one
understand its beauty is useless:
one had to be there and there we were;
and we almost yielded

                    On the other side
of the river—Did it perhaps have
something to do with that faded light?—
a ring of ochre in the pipe clay
was a sign that a colt had been tamed:
                                There was no
need to hear it pawing or see its mane

That circle against a background
of cranes was enough—a bad omen—
for me never to forget that door
I may see again
and its colour that will never be the same.

      III (Water-mills)

In winter it is hard to recount the water-mills
for two reasons: one
is that summer is just so: strolling
along the river (crossing bridges,
dikes, islands, fords)
or refusing to do it for fear the grindstone
won't turn, the sluice-gate
may be overcome by algae and the wheel
may have all its blades rotten.
It is not fear: it is a fact.

                    Another reason
is that in winter the river

no está —bajo la niebla su fantasma
gime—, ni sus aceñas (la del Cabildo, la del Sur,
la desde siempre en ruinas de Tejares):
están en el verano, cuando llega
el calor y las mimbres están frondosas y
los peces saltan; muelen
incluso: hay molineros
—peces que un sortilegio convirtiera
en molineros—, humo en el tejado
y las ranas borrachas de los posos del vino
de enjuagar las botellas

      y una barca
que nos cruza a la orilla del pasado imposible.

§

La discontinuidad es vaticinio
de deslealtad: el agua de los fosos,
—o de desconfianza— los cercados
hacen inexpugnable el aposento,
fruta prohibida sombra de alamedas.
Solo alguna semilla voladora,
cualquier pájaro dueño de albedrío
alcanzan matacanes,
germinan donde está prohibido el paso.
Pero por levantado que esté el puente,
abatido el rastrillo, alta la tapia,
se diría que la piedra sigue roca,
la atalaya roquedo, suelo el muro:
piel de tierra siguiendo la plomada
líquenes coexistiendo y sillería

Siempre que el hombre habita se produce
—y siempre que posee— la inevitable
negación de la tierra. Qué le vamos
a hacer... Lo que no puede

doesn't exist—its ghost moans beneath
the fog—nor its water-mills (the Chapter's, the Southern one,
the one always in ruins at Tejares):
they exist in summer, when the heat
arrives and the osiers are lush and
the fish leap; they even
grind: there are millers—
fish a sorcery turned
into millers—and smoke in the roof,
and frogs, drunk on the wine lees
from rinsing the bottles

       and a boat
crossing us to the shore of the impossible past.

§

Discontinuity is prophetic
of disloyalty: the water of the ditches—
or of suspicion—the walls
make the enclosure impregnable,
forbidden fruit shade of the poplar grove.
Only some flying seed,
a certain bird master of free-will
reach the machicolations,
germinate where entry is banned.
But no matter how high the bridge is raised,
the rake brought down, the mud wall high,
one would say that the stone is still rock,
the watchtower crag, the wall earth:
skin of earth following the plumb line
lichens co-existing and masonry

Every time man dwells—and every time
he possesses—the inevitable negation
of the earth takes place. There's nothing
you can do... What can't be—

—tú, Madre, sí, que todo lo soportas—
soportarse es la red —qué más quisiéramos
que de hielo— tendida sobre el mapa
que corta el germinar, el vuelo impide
y que se posen águilas y el polen

Odioso laberinto que propicia
el exilio del junco con la fuente
y que dos corazones que se amaban
acaben por odiarse —dos teléfonos
unen la voz, no el canto—, se aborrezcan
creyendo que es posible
escuchar sin tocarse, ver sin verse.

§

Supón el mismo vuelo: de la almena
al ciprés, nubes rojas en la tarde
y una paloma igual a la que has visto;
pero imagínate que no existieron
entre almena y ciprés —y será cierto—
fábricas de estupor, sino unos campos
donde encañaba el trigo y la gualdrapa
rozaba los barbechos provocando
toda una desbandada iridiscente

Supón quinientos años: el castillo habitado,
quince solo: barbecho,
dieciséis: trigo y hoces
                    Las palomas
no se defienden de la historia
haciendo Historia, vuelan.

you, Mother, who bear it all, can—
borne is the net—how we wish
it were made of ice—stretched on the map
that halts the germinating, impedes the flight
and that eagles and pollen alight

Detestable labyrinth that favours
the exile of the reed with the fountain
and two hearts that were in love
end up hating each other—two telephones
unite the voice, not the song—loathing each other
while believing it is possible
to listen without touching, to see without being seen.

§

Assume the same flight: from the merlon
to the cypress, red clouds in the evening
and a pigeon like the one you saw;
but imagine there weren't
between the merlon and the cypress—and so it will be—
stupor factories, but some fields
where the wheat staked and the horse blanket
brushed the fallows provoking
a sudden iridescent flight of birds

Assume five hundred years: the inhabited castle,
only fifteen years: fallow,
sixteen: wheat and sickles
                      Pigeons
don't defend themselves against history
by making History—they fly away.

The Valley of Unrest (E. A. Poe)

Valle de la inquietud, yo te prefiero:
violetas que crecían donde habitaba nadie,
lirios estremeciéndose de llanto
sobre una sepultura sin nombre —todo el mundo
se había ido a la guerra

                (No era duelo
lo que hizo estremecer —viento tampoco—
las alamedas: un superviviente
del culto a los tambores, un llamado cobarde
compartió la alegría de la savia
la plenitud del valle sin estruendo
de bandera y cañón:
                      fue de alegría
de lo que pétalos lloraban)

Yo te prefiero, valle; yo, el cobarde,
el desertor, el loco, el que no aprieta
gatillos, ni edifica
la paz donde controlan las espumas
y una profunda suavidad alarga
la duración de la mortaja en otros
valles de vencedores y vencidos.

The Valley of Unrest (E. A. Poe)

Valley of unrest, I prefer you:
violets that grew where no one lived,
lilies trembling with lament
over a nameless tomb—everyone
had gone to war

              (It was not grief
that made the poplar groves—nor the wind—
shudder: a survivor
of the cult to drums, a so-called coward
shared the gladness of sap
the fullness of the valley without the roar
of banner or cannon:
                      it was with joy
that the petals wept)

I prefer you, valley; I, the coward,
the deserter, the madman, he who does not pull
triggers or promote
peace where the surf controls
and a deep smoothness extends
the duration of the shroud to other
valleys of victors and vanquished.

Si ordenas a las hojas de los álamos
que se callen, aquieten su susurro,
no van a hacerte caso como hace
el perro que se traga los ladridos
si ve fulgir la lengua de su amo

Seguirá su rumor de pandereta
no como desafío o como burla
de tu dedo en los labios

                    No hace daño
a nadie aquel murmullo que ni alaba
ni difama

        La música del viento
y la enramada no pretende aplausos
ni ser tenida como música:
en sí misma termina y no se acaba
—no es que sea sordo el aire— si gritamos
¡Silencio!: no comprende
que el silencio sea un grito, entre otras cosas.

Epitalamio

Ya viene, ya se siente
esa querencia del otoño a hacerlo
todo más soportable: solo ahora,
aprovechando que la tarde pone
todo color de miel, miel en mi boca,
darte mis parabienes puedo
                        Trago
saliva: una laguna
me apaga el corazón. Corre, que seas
muy feliz. La distancia
me ayudará a olvidarte, pondrá tierra
por medio. Mi pañuelo
ya vuela en el andén

If you command the leaves of the poplars
to be quiet, to silence their soughing,
they will ignore you unlike
the dog that holds back its barking
at its master's flash of tongue

Their tambourine sound will continue
not as a challenge or a jest
at your finger on your lips

                                    That murmur
does no harm to anyone, either as praise
or slander

            The music of the wind
and the foliage does not expect applause
nor being treated as music:
it ends in itself and won't cease—
the air being deaf is not the issue—if we shout:
Silence!—it doesn't understand
that silence may be a shout, among other things.

Epithalamium

It's coming, now one feels
that autumn's longing to make
things more bearable: only now,
since the evening turns everything
the colour of honey, honey in my mouth,
I can congratulate you
                          I
gulp: a pool
assuages my heart. Go now, may you be
very happy. Distance
will help me forget you, I will make
myself scarce. My handkerchief
now flutters on the platform

Llegará el día
de volver a encontrarnos —¡que sea otoño!—

Mucho me temo que la vara mágica
va a fallarte y que, al cabo
de poco tiempo, seas
—como aquella ciudad que ya no eres—
solo reconocible por tu nombre.

El silencio

Dices —qué exagerada— que se oía
hilar a las arañas a la hora
de la siesta; lo cierto es que —y lo sabes
bien— se escucha el verano
en la plaza del pueblo, la cigüeña
machando ajo en lo alto, el griterío
de los vencejos y un hervor de élitros
en las jaras —te creo—
de más allá del río

               No consiguen
borrarme los sonidos —olvidaba
el tañido en los cerros— los motores
vocingleros, los cielos
sin pluma ni el jabón
ciudadano

            Y es más:
puedo escuchar, debajo del estruendo
de tu taza de té, de tus proyectos
de final de carrera y cuatro puertas,
tu jubiloso corazón saltando
con toda la alegría de la infancia
pasada bajo el miedo a los ratones
del sobrado y el gozo de la trilla

                                A day will come
for us to meet again—let it be in autumn!—

I'm quite afraid the magic wand
will fail you and that, after
some time, you may be—
like that city you no longer are—
only recognisable by your name.

Silence

You say—you, girl, do exaggerate—that spiders
could be heard spinning at siesta
time; the fact is—as you well
know—that one hears the summer
in the village square, the stork
pounding garlic on high, the clamour
of the swifts and a frenzy of elytra
in the rockroses—I believe you—
further beyond the river

                    The noisy
engines, the skies without pen
or the civic soap won't wipe out
the sounds from me—
I almost forgot the pealing
in the hills—

                    And what's more:
I can hear, under the din
of your teacup, of your plans
for a degree and four doors,
your joyous heart leaping
with all the happiness of past
infancy under the fear of mice
in the attic and the delight of the threshing

Corazón jubiloso que recuerda
como si nada; de algo
hay que llenar el humo y los espejos:
¿qué más te dan susurros que el estrépito
de todos los aviones que despegan
de todas tus revistas estivales?

Solar edificable

Si existe amor en toda artesanía
tiene que haberlo aquí a montones: obra
maestra del abandono, cordobán
ajado, honor del hombre. Vaya cuatro
elementos más tontos que no saben
que contigo no hay nada que hacer, manufactura
de despilfarro y de vileza...
Y sin embargo insisten: triste fuego
que prende el mocerío y que no abrasa:
tizna; tristes los otros elementos.
¿Qué fingido presagio de cosecha,
de pradera, de bosque
te hace seguir, Naturaleza, morando en los frutales
mutilados, en cardos, hasta en breves
amapolas?
             ¿Qué esperas? ¿Por ventura
la fecha del milagro: repentina
repoblación de trinos y de savia?

No, no vendrá: no esperes. Vendrán días
que seguirán lamiendo los ladrillos
de la tapia caída, recosida, zapatos
bulliciosos trazando simulados
frentes, vanguardias, retiradas: otros,
sin par, son ornamento del cadáver
que tú, terca piedad, sigues meciendo
en tu regazo ciego.

Jubilant heart that remembers
casually; the smoke and the mirrors
must be filled with something:
Surely rustling is as good as the roar
of all the airplanes that take off
from all your summer magazines?

Buildable Site

If there is love in every craft
it must be here in abundance: a master-
piece of abandonment, a worn-out
cordovan, man's honour. What four
truly dumb elements that don't know
there are no two ways about you, a product
of waste and vileness...
And yet they insist: youth sets
a sad fire that won't burn:
it blackens; the other elements, sad.
What feigned augury of harvest,
of meadow, of wood
makes you, Nature, keep on dwelling in vandalised
fruit trees, in thistles, even in ephemeral
poppies?   What do you expect? Perhaps
the date of the miracle: a sudden
reforestation of trills and sap?

No, it will not come: don't wait. Days will come
that will keep on licking the bricks
of the fallen wall, mended, noisy
shoes tracing simulated
fronts, vanguards, withdrawals: others,
unequalled, are an ornament of the cadaver
that you, obstinate piety, continue rocking
on your blind lap.

Visitarán tu piel los oropeles
pendones que ondeaban
vellones de la grey.
                      No es una espada
eso que hace refulgir la luna:
resto es de vanidad que no ha encontrado
más imperecedera compañía.

Ni despojos heroicos
los que invaden tu antiguo
solar de mil combates entre picos y fauces
lluvia y piel de cerezas.

Que la amortajen ya, que ya no es tuya
la criatura sin faz. En su osamenta
¿no ves solicitud, cómo se yergue
la sombra al erigirse en monumento
propiedad de los hombres vencedores
dueños del territorio que perdieron?

Bodegón

Cae amorosamente
sobre el tapete el fleco
—sin servidumbre— de la servilleta
de la cesta del pan
—sin esperar a cambio nada—:
ya está armado el amor

Todo lo ves amando,
entregado sin más: la cucharilla
recostada en el borde
del tarro del azúcar, el azúcar
mojado unido al vaso y a su sombra,
las mimbres de la cesta entrelazadas
tan amorosamente que la mimbre
no sabe de su uso de flagelo

Your skin will be visited by glitzy
banners that waved
fleeces from the flock.
                    It is not a sword
that makes the moon fulgent:
it's the remains of vanity that have not found
a more imperishable company.

Nor heroic spoils
that invade your ancient
site of a thousand battles amid beaks and jaws
rain and skin of cherries.

Let them shroud it now, since the faceless creature
is no longer yours. Don't you see
pleading in its bones, how the shade
rises when erected into a monument
belonging to the victors,
masters of the territory they lost?

Still Life

It falls lovingly
on the table cloth, the fringe—
without servitude—of the napkin
in the bread basket—
expecting nothing in return—:
now love is armed

You can see everything loving,
simply given over: the teaspoon
set on the edge
of the sugar jar, the moist sugar
stuck to the glass and its shadow,
the wickerwork of the basket entwined
so lovingly that the wicker
forgot its use as a whip

Hasta la cafetera,
con hollín solidario —no servil— a sus pies,
ama a su hollín y hasta parece
abolir su diseño
de áridas aristas: todo lo ves amando,
cuando has llegado a ver
el bodegón humilde: el fleco,
el pan, la cucharilla,
la cafetera, el vaso, las estrellas…
bien armados de amor —y tú con ellos—,
bien provistos de ira y de esperanza
contra el hombre erigido en rey de todo,
diseñador de Vanidad: su reino.

§

Toda la propiedad es geometría
o a ella tiende: cajón, plano, parcela,
álbum para las fotos: no sea que
el torrente de abril se lleve parte
de la base o la altura, no sea que
no corresponda su reciente júbilo
con los rasgos y trenzas que la ataban
a tu imagen sellada

    Deja que entren
lluvia y sol en tu archivo, lo levanten los céfiros
borre las escrituras el gozoso
llanto de cuánto tiempo hemos perdido
creyendo que tenerte era amarrarte;
y sal al campo, al monte de raíces,
y espérala si viene será tuya
por vez primera —nunca lo fue antes,
si no…¿qué más te da?: te comunicas
con lo mejor de ella, de los surcos,
del muro o el aljibe
a través de los cuatro (aire…) elementos

Even the coffee pot,
with supportive—not servile—soot at its feet,
loves its soot and it even seems
to have abolished its design
of dreary edges: you can see everything loving,
when you have come to see
the humble still life: the fringe,
the bread, the teaspoon,
the coffee pot, the glass, the stars…
well armed with love—and you with them—
well provided with anger and hope
against the man raised as king of everything,
designer of Vanity: his kingdom.

§

The whole property is geometry
or verging on it: drawer, plan, plot of land,
photo album: lest
the torrent of April carries part
of the base or the height, lest
its recent joy does not correspond
with its traits and plaits that bound it
to your marked image

                 Let the rain and sun
enter into your archive, let the zephyrs raise it
and the writings be erased by the joyful
weeping about how much time we have wasted
believing that having you meant mooring you;
and come out to the fields, to the hill of roots,
and await it if it comes it will be yours
for the first time—it never was before,
otherwise… What do you care?—you communicate
with the best of it, of the furrows,
of the wall or the well
through the four (air…) elements

que están en todas partes, son de todos
y todo lo poseen

           Y nunca forman
un cuadrado que sea su propia cárcel.

Definición de savia

Nos da vida y motivos para usarla:
telón para el amor, fondo al lamento;
mas ni se condecora ni se asusta
con el pétalo azul de la mañana
o en la mazmorra dulce de raíces,
ni se pone de uñas contra el hacha;
va del aire a la tierra —no conoce
otro camino—, de la tierra al aire

Da vida: no la implanta
como fatal obligación; rezuma
nunca horror ni embeleso (la resina
no es excepción); pancartas
nunca la savia erige contra yermos
como tu amado, amada.

that are everywhere, belong to everyone
and possess everything

                        And they never form
a square that may be their own prison.

Definition of Sap

It gives us life and reasons to use it:
a curtain for love, a background for lament;
but it does not decorate itself or get frightened
with the blue petal of the morning
or in the dungeon lacking salty roots,
nor does it bare its teeth against the axe;
it goes from air to earth—it knows
no other way—from earth to air

It gives life: it does not implant it
as a fatal obligation; it never
oozes horror or charm (resin
is no exception); sap
never rises banners against wastelands
like your lover, beloved.

de

CASA SIN TERMINAR

[1974] (1991)

from

UNFINISHED HOUSE

[1974] (1991)

I

II

Habrá dueño y señor de tu paisaje
beneficiario de tu fruto franco
paseante por tus bosques
bebedor de tus aguas que son suyas
águila pescadora de tus ojos
y cordero paciente de tu val

que llegue hasta lo hondo de la gruta
y escriba en la pared «somos felices»

y guarde su estupor cuando no entienda
el súbito nublado
sobre el estanque trémulo un momento
antes tan apacible

él, dueño del terreno y su contorno
conocedor del pago palmo a palmo
yo, lejano zahorí de tu agua oculta
amo del aguacero intempestivo.

III

(Octavo consejo de Hesíodo)

Cuando hagas casa no la dejes
sin terminar no sea
que sobre ella se pose
la siniestra corneja
                y en tu nuevo
prefabricado y preferido
hogar (epitalamios
te cantarán tus núbiles hermanas
ignorantes del cierzo que tú en vano
tratas de sepultar bajo el cosmético)

I

II

There will be a lord and master of your territory
beneficiary of your abundant fruit
stroller through your woods
imbiber of your waters that are his
fish eagle of your eyes
and grazing lamb of your valley

who will reach the depth of a grotto
and write 'we are happy' on its wall

and hide his awe when he doesn't fathom
the sudden storm cloud
over the tremulous pond
previously so placid

he, master of the land and its environs
knower of every inch of the hamlet
I, remote dowser of your hidden water
master of the untimely downpour.

III

(HESIOD'S EIGHTH ADVICE)

When building your house don't leave it
unfinished lest
the sinister crow
alights on it
        and in your new
prefabricated and preferred
home (your nubile sisters
will sing you epithalamiums
unaware of the North wind you vainly
try to bury beneath your cosmetic)

habrá gato encerrado un invisible
maullido tutelar sin cuerpo; el cuerpo
hiede entre los cascotes de la casa
inacabada, fiel, ahora su tumba.

VIII

(Y desde aquel entonces…)

Orfeo lo supo un día de Capricornio
en que el cielo no hizo sin embargo
ademán ni siquiera de romperse
pero el llanto de Eurídice confesa

le ablandó los puñales y no pudo

Y no pudo cortar pero venganza
siempre engendró venganza mas venganza
más música es olvido
                    Pero en vano:
los cielos ornamentan día tras noche
—donde hiedra y laurel antes ciñeron—
el encefalograma de la Tracia

    (falta una cuerda al instrumento sobran
    vigas donde tensarla al canto llanto).

IX

Y con piadosas manos homicidas…

Hilo a cercén truncado no ni súbito
iceber en mis venas mas sí azúcar
que se hiciera mi cuerpo
                    y deshiciera
en un paseo soluble hasta la nada

there will be something fishy going on an invisible
and tutelary bodiless splashing; the body
stinks amid the rubble of the house
unfinished, faithful, now its tomb.

VIII

(And since then on…)

Orpheus learnt of it one day in Capricorn
when the sky yet didn't even
make as if to break
but self-confessed Eurydice's lament

softened his daggers and he couldn't

And he couldn't break up yet vengeance
always engendered vengeance though vengeance
plus music is oblivion
       But in vain:
the heavens ornament day after night—
where ivy and laurel previously clung—
the encephalogram of Thrace

  (the instrument lacks a string there's one beam
  too many where it can be tightened to the weeping song).

IX

    And with pious murderous hands…

A thread not severed nor a sudden
iceberg in my veins but rather sugar
which would turn into my body
        and would dissolve
in a soluble stroll into nothingness

Muerte piadosa quise ayer tan solo
suave sopor y despertar en otra
orilla sin visita de rapaces

Tan solo ayer: hoy pecho contra un cielo
falsificado y basta tu sonrisa
para saber que el cielo sobrevive.

II

3

Lluvia para tu sed me quise siempre
y fui granizo criminal y piedra
de rayo y fui granizo
quebrador de tu tallo de tan débil
considerado más hermoso
                          Quise
ser lluvia su frescor o su tibieza:
nunca tu carcelero
jamás de los jamases tu verdugo
ruina de mi cosecha de esperanza.

5

Usar manos cruzadas como estribo
para enseñorearte en tu montura
es hijuela que ocultas y disfrazas
cuando te monta tu palafrenero

No, mis manos no pueden
acariciar espuelas
                Búscate otro
perrito que te ladre en plenilunio
otro centauro para tus paseos.

Pious death I wanted yesterday just
a gentle torpor and to awake on another
shore without a visit of the greedy

Only yesterday: today breast against a sky
falsified and your smile is enough
to know that the heavens survive.

II

3

I always wished to be rain for your thirst
but I was criminal hail and a bolt
of lightning and I was hail
snapper of your stalk so weak
considered more beautiful
                                       I wanted
to be rain its freshness or its warmth:
never your jailer
never ever your executioner
a ruin to my harvest of hope.

5

To use my linked hands as a bridle
so you can dominate from your saddle
is an offshoot that you conceal and disguise
when your groom helps you mount

No, my hands cannot
caress your spurs
               Find another
pup to bark for you at full moon
another centaur for your strolls.

6

Surcan tus yemas salvadoras cauces
de mis ojeras barren
polvo lunar escarcha remolinos
instauran un contacto de frambuesa
en la desolación y aunque no puedan
borrarse las señales no responden
a su significado de tristeza.

7

Queda escrita la historia para ser olvidada:
tinta que sigue el curso de la herida:
escribir cicatriza lo que se escribe
                              Pero
un día las palabras recorren el camino
contrario: y siete versos
se hacen setenta veces siete penas.

9

F. N.

Ídolos hay también donde hay oasis
allí estás tú a beber tierna gacela
buscadora de sombra idolatrada
por hienas y por rifles telescópicos

No irá a verte mi sed llevo conmigo
el agua necesaria: león camello
un niño al fin en medio del desierto:
vergel eterno tras la puerta abierta
para quienes bebemos en lo alto.

6

Your saviour fingertips plough the river beds
of my eye-rings they sweep
moon-dust frost eddies
they establish a raspberry contact
in desolation and although they cannot
be erased the signs do not reflect
their meaning of sadness.

7

The story has been written to be forgotten:
ink that follows the course of the wound—
writing heals up what is written
                                But
one day words travel the opposite
road: and seven verses
become seventy times seven sorrows.

9

   F.N.

Idols are also found at an oasis
there you go to drink tender gazelle
searcher of shadows idolised
by hyenas and telescopic rifles

My thirst won't visit you I carry along
all necessary water: lion camel
a boy child at last in the middle of the desert—
evergreen garden behind the open door
for us who drink up on high.

de

Figura en un paisaje

[1974] (1992; 1993)

from

FIGURE IN A LANDSCAPE

[1974] (1992; 1993)

La Derelitta
(Botticelli)

Lienzos de la tragedia por las gradas
tendidas a cordel. Se han congelado
el rosa, el siena, el gris. Desventurado
el que tiene las puertas clausuradas.

Clausuradas están. Soñar espadas
contra el bronce tenaz es un pecado
de inocencia. No hay llave ni candado
que te abran paso al Reino de las Hadas.

No te tapes la cara; nada puedes
hacer contra la faz del abandono
si ya pasó el umbral de tus retinas.

Por más que trates de abolir el trono
de la ausencia con llanto, las paredes
del dolor ya han formado cuatro esquinas.

Disputa de eruditos ante «El sueño de la doncella»
(Lorenzo Lotto)

«Nuestro cuadro presenta, bajo una luz huidiza,
un bosque en que dos sátiros enmarcan
—en hermoso contraste— a una figura
que, si lloviera oro, sería Dánae...»

«Pero son flores lo que llueve
sobre la amada del poeta:
Laura, dice el laurel, es la doncella
cuya actitud amanerada
no ha podido explicarse satisfactoriamente...»

La Derelitta
(Botticelli)

Canvasses of the tragedy on the steps
stretched in a straight line. Frozen colours—
pink, sienna, grey. Unfortunate
he who has his doors shut.

They are shut. Dreaming swords
against unyielding bronze is a sin
of innocence. There is no key or padlock
to make your way into the Fairy Kingdom.

Don't cover your face; there is nothing
you can do against the face of abandonment
if it is past the threshold of your retina.

No matter how hard you try to abolish the throne
of absence with tears, the walls
of grief have already formed four corners.

Debate of Scholars Before 'The Maiden's Dream'
(Lorenzo Lotto)

'This painting presents, under an evasive light,
a wood in which two satyrs frame—
in beautiful contrast—a figure
that, if it were to rain gold, would be Danae…'

'But it is flowers what rains
on the poet's beloved:
Laura, the laurel says, is the maiden
whose affected manner
has never been satisfactorily explained…'

Actitud que sería de desprecio
si la pintura oyese.

Melancolía
(Durero)
              redeunt Saturnia regna

¿Para qué proseguir con el trabajo
de Babel si hay señales en el cielo
de que llega el reinado de Saturno?
Sierra, garlopa, regla, esfera, clavos,
martillo que ha tallado un poliedro
se ofrecen de alimento a las raíces,
que no van a tardar como tampoco
el compás en caerse de tus manos.

Porque el reloj de arena y la campana
no pueden recordarte los horarios
del afán, te han surgido esas dos alas
y alguien ha coronado tu cabeza.

Dieciséis, tres, dos, trece;
cinco, diez, once, ocho;
nueve, seis, siete, doce;
cuatro, quince, catorce, uno. Es la suma
—en diagonal incluso— en cada hilera
treinta y cuatro. ¡Que sea...! Que se afane
cupido en apuntar cuentas y dardos
sobre la piedra del molino inmóvil.

Ya no quieren saber nada tus ojos
de las llaves del Número, que penden
muertas de tu cintura. Ya se apaga
el crisol. Tu mirada se ha asomado
más allá de la bóveda celeste
y espera que descienda de los astros
la abolición de toda Geometría.

A manner that would be of disdain
if the painting could hear.

Melancholy
(Dürer)

redeunt Saturnia regna

Why continue with the toil
of Babel if there are signs in the heaven
that the reign of Saturn is coming?
Saw, jack plane, ruler, sphere, nails,
a hammer that has sculpted a polyhedron
are offered as food to the roots,
which won't take long, nor
the compass, to fall from your hands.

Because the sand-clock and the bell
cannot remind you of the schedule
of toil, those two wings have sprouted off you
and someone has wreathed your head.

Sixteen, three, two, thirteen;
five, ten, eleven, eight;
nine, six, seven, twelve;
four, fifteen, fourteen, one. It adds—
even diagonally—in each row
thirty-four. Let it be…! Let cupid toil
at noting sums and darts
on the motionless millstone.

Your eyes no longer want to hear
about the keys to the Number, dangling
dead from your waist. Now the crucible
is quenched. Your gaze has peeked
beyond the vault of heaven
and expects the abolition of all Geometry
to descend from the stars.

Regreso de los cazadores
(Brueghel el Viejo)

Podemos esperar a que desciendan
la colina los pobres cazadores
y su hambrienta jauría que no tiene
ni para un mal bocado con la única
liebre cobrada para tanto blanco.

Y acercarnos al fuego que alimentan
los mesoneros bajo el colgadizo.

Y, mientras esperamos, deslizar
la mirada por todos los canales
helados, por el cielo
verde, por las montañas que rechazan
la nieve de lo abruptas;
ver los patinadores del domingo
—¡qué caída se ha dado aquel!—, el puente
por donde pasa la mujer del loco
cargada con un haz de leña. Cuatro
campanarios se ven, una carreta
por el camino principal, un hombre
allá a lo lejos solo, la escalera
del deshollinador y los tejados
blancos y... ¡mira el humo cómo sale!

Podemos esperar —ya están llegando
al puente de ladrillo— a que se pierdan
de vista tras la casa del herrero.
Y saltar por encima de la zarza
y coger la pendiente —¡hasta se puede
bajar rodando!— hasta el canal más próximo.

Sí, porque, aunque tengo frío y cien florines
en la bolsa, me da muy mala espina
el que esté desprendido el rótulo de un lado
y la ventana abierta.

Return of the Hunters
(Brueghel the Elder)

We can wait for the poor hunters
to come down from the hill
and their hungry pack of hounds that
won't get the merest bite of the only
hare shot from so much whiteness.

And we can approach the fire that
the innkeepers stoke under the hanging roof.

And, while we wait, our gaze
can sweep all the frozen
canals, the green
sky, the mountains so steep
that push away the snow;
we can see the Sunday skaters—
that one has just had a nasty fall!—the bridge
where the madman's wife passes
laden with a bundle of firewood. Four
belfries can be spotted, a wagon
along the main road, a man
beyond, alone, the ladder
of the chimney-sweep and the white roofs
and… look at all that smoke!

We can wait—they are now reaching
the brick bridge—for them to disappear
from view behind the blacksmith's house.
And we can leap above the bramble
and take the slope—we can even
roll down it!—to the nearest canal.

Yes, because, though I am cold and have a hundred florins
in my bag, I have a bad feeling
about the sign being partly pulled off
and the window open.

No, porque —y como señal de que no debo
moverme de mi sitio— cada poco
cruzan por turno el aire las urracas
descuideras, tachando la posible
apacibilidad con una línea
de tinta negra (el blanco de su vientre
sin querer se confunde con la nieve).

El príncipe Don Baltasar Carlos
(Velázquez)

¿Indica posesión de algún paisaje
el que sirva de fondo a tu retrato?
No, alteza: acaso eso crees tú bajo ese palio
—o sobre tu montura imaginada—
que te ofrecen el roble y el artista
que lo pintó por orden del sentido
de la composición. Nadie posee
lo que no sabe ver. Si das la espalda
a todo un territorio de matices,
¿cómo van a ser tuyas las montañas?
Son del pintor. No siempre. A veces pierde
la vista en recoger —es suya entonces—
tu candidez, tu gracia, que tampoco
será tuya por mucho tiempo, príncipe:
tu altivez borrará tu donosura,
a no ser que la muerte antes lo haga.

No, because—and it's a sign that I must not
move from here—every so often
the magpies, sneaky thieves, in turns fly
through the air, crossing out the feasible
tranquillity with a line
of black ink (the white of their stomach
unwillingly blends with the snow).

Prince Baltasar Carlos
(Velázquez)

Does some background landscape
to your portrait imply its possession?
No, your Highness: perhaps you ostentatiously think so—
or on your imagined mount—
offered by the oak and the artist
who painted it guided by his sense
of composition. Nobody possesses
what he can't see. If you turn your back
on a whole territory of nuances,
how will the mountains be yours?
They are the painter's. Not always. Sometimes
he loses the view in recording—it is then his—
your innocence, your grace, which will
neither be yours for long, prince:
your haughtiness will erase your poise,
lest death does so before.

La muchacha ciega
(Millais)

Te has sentado de espaldas a un arco iris doble
que no ves pero sientes: tus mejillas
aún húmedas de lluvia se encienden —ha venido
el sol tan de repente, con tan buenas
palabras, que el rubor...— En tu harapiento
regazo se entreabre
tu anciano acordeón con un suspiro.

Oyes pastar, revuelo de plumajes
azules. La campana
del santuario gótico está a punto
de tocar a oración. Tu frágil guía
olfatea en tu mantilla: huele a hermana
mayor, a estambre húmedo,
a todos los caminos.

           Por fijarme
en una mariposa roja y negra,
que se posó en tu hombro sin que tú lo notaras
—así llega la muerte a los arcángeles—,
no he visto que tu mano
derecha acariciaba una corola
blanca. ¿Cómo has sabido que era blanca?

Anónima defensa de Narciso

Los dioses se equivocan. Si Narciso
no abrió su corazón al de Eco, abierto,
fue porque Amor —un dios— en el reparto
no adjudicó igual hielo al de la ninfa.

The Blind Girl
(Millais)

You have sat with your back turned to a double rainbow
which you don't see but feel: your cheeks are on fire
although moist with rain—the sun
suddenly came out, with such good
words, that the blush...—On your ragged
lap your ancient accordion
half-opens with a sigh.

You hear grazing, a flight of blue
plumage. The bell
of the Gothic sanctuary is about
to toll to prayer. Your fragile guide girl
sniffs in your mantilla: it smells like her
older sister, like a damp stamen,
like all the roads.

                Because I was watching
a red and black butterfly,
that alighted on your unaware shoulder—
thus death comes to archangels—
I didn't see that your right
hand was caressing a white
corolla. How did you know it was white?

Anonymous Defence of Narcissus

The gods are wrong. If Narcissus
did not open his heart to Echo, open,
it was because Love—a god—in the share-out
did not award the same ice to the nymph.

Eco languideció. Y, encadenada,
repite en cada bóveda (perenne
diversión de viajeros) cada sílaba.

Qué culpa tuvo aquel de que del otro
lado se prolongase su sed, qué culpa tuvo
de enamorarse de su simetría.

Su sangre se cultiva en los jardines
y en los invernaderos. Las corolas
no doblan en señal de arrepentidas
el peciolo: prosiguen a la busca
de la imagen perdida en las vitrinas.

Los dioses se equivocan. Son injustos.
No los temo. Que vengan con su enorme
muestrario de castigos. Nada pueden
hacerme: soy palabra inexpugnable,
voz inmortal contra los dioses mudos,
dueños de todas las floristerías.

Cobijo del poeta, fragilísima ave

Faltándole una péndola al plumaje,
la que abreva en su dulce escribanía,
deriva por los aires el poeta.

Sóbrale una milésima de polvo
de un pedazo de música que habiten
recuerdos, una arista de una estrella
de nieve por almohada, una techumbre
donde se hagan las tejas pesebre de palomas,
para perder la vista en ver más alto.

No habita en la ciudad, sí en los pasillos
que en las calles el sol deja y la lluvia
para que entre la luz y entren las tiernas

Echo languished. And, fettered,
she repeats in every vault (a perennial
amusement for travellers) every syllable.

It was hardly his fault that on the other
side his thirst went on, hardly his fault
to have fallen in love with his symmetry.

His blood is grown in gardens
and in glasshouses. The corollas
don't bend the petiole in sign of
repentance: their search for the image
lost in the cabinets continues.

The gods are wrong. They are unjust.
I'm not afraid of them. Let them come with their
huge assortment of punishments. They can
do nothing to me: I am an impregnable word,
an immortal voice against the mute gods,
masters of all the flower shops.

Haven for the Poet, the Frailest of Birds

His plumage is missing a quill,
the one that drinks from his sweet inkstand,
and so the poet drifts in the wind.

He has an extra thousandth of dust
of a piece of music that memories
inhabit, a groin of a snow
star as a pillow, a roof
where tiles become a trough for doves,
to lose his sight on seeing higher.

He does not dwell in the city but in the passageways
the sun and the rain leave in the streets
so the light enters and the tender

consignas montaraces, los mensajes
del haz y del envés que le preguntan
a ver qué puede hacerse a estas alturas
con tanto mutilado paraíso.

Capitán Hölderlin

A S.

1

Recuéstate, ha bajado
el colega del Etna, caudillo; tú, que ordenas,
sabrás obedecer —sahumerios ardan
en tu honor… Mi mando sabe
lo que es una tormenta,
y en ello halla la paz, donde las flores,
todas las bellas flores encontraran
campo para pastar.
He querido borrar todas las trazas
del fuego y del saqueo
con ese rosa de los horizontes.
Pero no encuentro tregua ni en la noche:
quién sabe si vigilo para que
las adargas reluzcan con una luz bruñida
que merezca esta luna ya menguante.
Recuéstate;
mañana, en la batalla,
te ignoraré.
           La guardia
quizás espere mi visita.
Mis ojos llevarán frío de la luna…
Acaso no bastante para frustrar sus mofas.

wild slogans, the messages
of the obverse and reverse asking him
what can be done at this stage
with so many mutilated paradises.

Captain Hölderlin

To S.

1

Lie down, our colleague
has come down from the Etna, leader; you, commander,
will be able to obey—let incense burn
in your honour... My command knows
what a storm is,
and finds peace in it, where the flowers,
all the beautiful flowers may find
a field to graze.
I've tried to erase all the traces
of fire and pillage
with the crimson glow of horizons.
But I can't even find respite in the night:
who knows if I'm guarding so that
the leather shields shine with a polished light
that deserves this now waning moon.
Lie down;
tomorrow, in battle,
I will ignore you.
                    The sentry
perhaps awaits my visit.
My eyes will bear the moon's cold...
Maybe not enough to frustrate their mockeries.

2

Siempre fue fiel y amiga esta ciudad
—no se acostumbran, duros son sus cantos,
las recuas a sus vías—.

              La taberna
de la luz me protege; me he sentado
con una copa demasiado excelsa,
pero no desconfío.
En cada esquina unos amantes queman
lo transitorio, sé;
y trazo planes de supervivencia
difusamente, limpia
la tinta, el fingir arduo.
Pienso en mi esposa y temo que la invento.
Me asaltan unos labios ofrecidos
hace solo un instante.

Invocar a qué luna si me creo
—es el alcohol, es el alcohol, son los besos—
airado Marte contra mis espadas.
Esta ciudad me acoge, sé sus límites.
Mañana partiré.

3

Mis compadres me alientan, luego, si
bajo a mis circunstancias, a mis aciagos, dulces
escondrijos,
aunque olvide el camino de encontrarlos,
me los encontraré:

Li-po, lejano;
la del pájaro blanco que me ofreció corteza
de sauce, tan cercana
como amorosa (y agria
nuestra amistad: ¡Nuestra amistad!)

2

This city was always loyal and friendly—
the trains of animals don't get used to its roads,
its pebbles are hard—.

                The tavern
protects me from light; I have sat
with a too sublime glass,
but I'm not distrustful.
At every corner some lovers burn
the transitory, I know;
and I diffusely draft
survival plans, the ink
clean, the feigning difficult.
I think about my wife and fear I invent her.
Lips offered but a minute ago
assail me now.

Invoking what moon if I think I am—
it's the alcohol, it's the alcohol, it's the kisses—
angry Mars against my swords.
This city takes me in, I know its limits.
I will depart tomorrow.

3

My comrades encourage me, then, if
I come down to my circumstances, to my tragic, sweet recesses,
even if I forget the road that leads to them,
I will find them:

Li-po, faraway;
that of the white bird that offered me willow
bark, so near
and as loving (and bitter
our friendship: Our friendship!)

Se abrirá, inesperado,
el embozo; el capote
me cubrirá del sol.
Alejandría
sus haces dispondrá de flechas, miles
de rayos
que acarician
cada mañana como aquella
de mañana, compadres,
combatientes,
nuestra común victoria no aceptada jamás.

4

Giran los artificios: substraerse
a su deslumbramiento
es un odioso menester durante
la fiesta.
¿Para qué reprimir —por otra parte
recibiríamos palabras,
cohetes suplementarios— el retozo
de la que incluso, sí, llegamos a admirar?
El deseo circular sube hasta el cielo,
disponed los cañones para salvas,
¡a ver!, no,
el campamento
se disolvió, se mueve, gira, brinca.
La danza ha terminado:
viene otra
pausa o tregua.

Sí, tomad mi cabeza, el simulacro
de tiro puede de ella disponer.
¡Una amante!
Pero la guarnición se ha disipado, dije.

The collar, unexpectedly,
will open; the cloak
will cover me from the sun.
Alexandria
will let fly its arrows, thousands
of rays
that caress
every morning like
that morning's, comrades,
combatants,
our common victory never accepted.

4

The devices turn: eluding
their dazzle
is a hateful job during
the festival.
Why stifle—on the other hand
we would receive words,
supplementary fireworks—the frolicking
of her who even, indeed, we come to admire?
The cyclical desire climbs to heaven,
get the cannons ready for salutes,
attention! no,
the camp
was dissolved, it moves, turns, skips about.
The dance is over:
another pause or truce
is coming.

Yes, take my head, the mock
shooting can use it.
A lover!
But the garrison has dispersed, I said.

de

TALLER DEL HECHICERO

[1974-1975] (1979)

from

THE SORCERER'S WORKSHOP

[1974-5] (1979)

Juegos florales en Uqbar

No cualquier cosa. Puede deslizarse
una alusión al Ganges que se salte las normas
un aluvión de llanto que no tenga sintaxis
adecuada a este orbe
                    Un buen soneto
con fragancia a Petrarca incluso puede
hacer que se presente el propio diablo
y agüe la fiesta de los evadidos
y amargue los pasteles de dulzor primigenio.

Taller del hechicero

Es muy posible que desilusione
el no encontrar marmitas, humareda
ni artejos de vampiro ni cultivos de órbitas
amén de aquella hierba que crece en las cornisas
de los montes sagrados—
                    Ni siquiera
la inexpugnable luz de turmalina

Se ríe cavernoso el hechicero
—el único ingrediente que siempre encontraréis—
al ver el desencanto.
                Y enmudece
cuando otro personaje que nadie se esperaba
os cuenta su secreto que consiste
en la necesidad del narrador
de un elemento extraño mientras piensa
en un final feliz para vosotros
los héroes asombrados del único relato.

Floral Games in Uqbar

Not just anything. An allusion to the Ganges
can be slipped in breaking the rules
a torrent of tears without an adequate
syntax for this world
                      A good sonnet
with the fragrance of Petrarch can even
make the devil show up
and spoil the party of the slackers
and embitter the cakes of primordial sweetness.

The Wizard's Workshop

Disappointment is likely
when not finding cooking pots, a cloud of smoke
nor vampire knuckles or the cultivation of orbits
as well as that herb that grows in the cornices
of sacred mounts—
                    Not even
the impregnable tourmaline light

The wizard laughs resoundingly—
the only ingredient that you'll always find—
on seeing the disappointment.
                                And he falls silent
when another character whom no one expected
tells you his secret that lies
in the need of the narrator
for a strange element while he thinks
about a happy end for you
the astonished heroes of the only tale.

Magnicidio

¡Uf! la musa sabionda que prescribe
temas tan arduos al loco poeta:
qué contratiempo que ella sepa todo
lo relativo a y al paraíso
de Arnheim tallado en uno
de los granos de arena.
                      Ten paciencia
poeta, guarda paciencia —que es veneno
con el tiempo— y verás llegado el día
sin temas que tratar, con todo el pulso
libre para escribir de lo que el aire
quiera o no. Ten paciencia.

    «El contexto es, sin duda,
       un objeto asimbólico»
                        Roland Barthes

Cuando apenas habían recorrido una milla
se vieron rodeados por una densa nube
de arena. Refugiándose al amparo
de unas peñas, confían
en que será una simple turbonada
de las que con frecuencia aquel paraje azotan...

El gemido del viento se convirtió en rugido
el sol se fue apagando hasta ocultarse
bajo la espesa nube amarillenta.

Mójate mi pañuelo con el agua
—la serranilla dice— de mi cántaro.

Assassination

Phew! the know-all muse who prescribes
such difficult themes for the mad poet:
what a setback that she knows
everything relative to the paradise
of Arnheim carved on one
grain of sand.
              Be patient
poet, stay patient—it becomes poison
with time—and you will see a day will come
with no issues to discuss, with all your pulse
free to write about what the air
likes or dislikes. Be patient.

'Context Is, Doubtless, an Asymbolic Object'
Roland Barthes

When they had scarcely traversed a mile
they found themselves surrounded by a dense
cloud of sand. Taking refuge under
some crags, they hoped
that it would be a simple squall
of those that frequently lash that place...

The wind's moaning turned into an uproar
the sun gradually went out until it set
under the yellowish dense cloud.

Dampen my kerchief for you with water—
the pastourelle said—from my pitcher.

Scorpio

Cansado de buscar en albarelos
—láudano, flor de azahar, hojas de tilo—
solución a sus males
                  en lo alto
de la veleta de la torre altiva
una nube de cadmio le subraya
su vocación de brujo
                  En la retorta
no hay doble fondo: la perdida imagen
una manzana vive más arriba

No son, pues, años luz aunque parezca
los que separan a los dos rendidos
hijos convalecientes del dios Marte
y sus armas depuestas son vecinas.

Testimonio de piedra

        y sin embargo
no queda ni el más mínimo vestigio de lo dicho
      un jinete
—dicen que una amazona— una mañana
cruzó las puertas rojas sorprendiendo
a la guardia y a pájaros esquivos
como una exhalación
        A nadie dijo
dónde se dirigía
        Aún podremos
ver su imagen veloz, la capa al viento,
con un bastión al fondo y levantando
polvo dorado y chispas con los cascos
en la nube ideográfica que ilustra
la viñeta central

Scorpio

Tired of seeking in pharmacy jars—
laudanum, orange blossom, lime leaves—
a remedy for his illnesses
                                over
the weathervane of the haughty tower
a cadmium cloud points out
his warlock vocation
                        The retort
has no false bottom: the lost image
lives a few streets away

It is not, then, light years though it may seem so
that separates the two exhausted
convalescent sons of the god Mars
and his relinquished weapons are nearby.

Testimony of Stone

            and yet
not even the faintest trace of what was said remains
            a rider—
they say it was a horsewoman—one morning
crossed the red gates shocking
the guard and some elusive birds
like a breath
            She told no one
where she was heading
            We will still be able
to see her swift image, her cloak to the wind,
with a bastion at the back and raising
a golden dust and sparks with her horse's hoofs
in the ideographic cloud that illustrates
the central vignette

             de una ficción de invierno en latitudes
propensas a viajar imaginariamente
a colores más cálidos.

Tatuajes efímeros

Hubo un príncipe azul que nunca quiso
—otras crónicas dicen que no pudo—
reconocerlo que se tatuaba
con tinta transitoria las muñecas
con números exactos de teléfonos
nombres de campesinas y señales
que le indicaran las encrucijadas
y la vuelta de pájaros de agüero
favorable
          Eruditos
coinciden entre sí en que la estructura
del romance desvela una inconsciente
asociación de tinta azul con sangre

Ignoran la intención de aquel malvado
que solo quiso confundirlos: odio
al estrato arqueológico, a la historia
que imposibilitó todos mis sueños.

      of a winter fiction in latitudes
inclined to travel in imagination
to warmer colours.

Ephemeral Tattoos

There was a blue prince who never wanted—
other chronicles claim that he couldn't—
recognise that he had his wrists
tattooed with transitory ink
with exact telephone numbers
the names of peasant women and marks
that would indicate crossroads to him
and the return of birds of good
omen
        Scholars
agree that the structure
of the ballad reveals an unconscious
association of blue ink with blood

They don't know the intention of that wicked man
who only wanted to confuse them: hatred
of the archaeological stratum, of the history
that prevented all my dreams.

Historia sagrada

Cansado el sacerdote de transportar manípulos
derramó agua lustral sobre los cirios
sangre de una paloma sobre el falso diario
del dios olvidadizo
                    y de una larga
plegaria hizo dos coplas
y aventó las palabras que sobraron: el viento
dice lo que el dios dijo.

Sacred History

Worn out with carrying stoles, the priest
spilled lustral water on the candles
blood of a dove on the false diary
of the forgetful god
                and out of a long
prayer he made two *coplas*
and winnowed the remaining words: the wind
says what the god said.

de

ALZADO DE LA RUINA

[1974-1981] (1983)

from

ELEVATION OF THE RUIN

[1974-81] (1983)

Noticia de la hidra en la ciudad dorada

Altas, desatendidas celosías,
miradores vacantes, patria apenas
de palomas huidizas cuyo mensaje, roto,
quién percibe lector de ajenas rúbricas
de tinta desvaída sobre legajos secos:
os hundís, la madera se echa a volar, cornisas
agrietadas cobijan a malezas:
y no en un día señalado —en que un ciclón convoque
el polvo, los fragmentos— sino a todas
las horas van cayendo de la altura
las materias de un canto ya perdido
hasta la calle, hasta los sumideros,
no doblegando nada, no imponiendo una flora
sino accidentalmente y resbalando
en la testa dorada y renovable
de la hidra que, abajo, habita, mantenida
eficaz, limpia, consolidadora,
entre la luz cambiante de los sótanos.

Y no solo sucede, fugaz y tenazmente,
esa tumultuosa caída imperceptible
desde los viejos ámbitos del ojo: mil silencios
se producen allí, germinan, tensan
vigas y pavimentos; hasta reducen vuelos:
en las grietas anidan de campanas.

Aleteos y silencios, habitantes volátiles
de los insomnes corredores pueblan
el pasado, la ruina celeste: si otras bestias
perviven de la vida que hubo, acaso sean
invisibles reptiles de no sabido nombre,
monstruos que representan pecados y aficiones
con la fidelidad de figuras heráldicas:
pero la Reina —presumiblemente—
Desolación expulsa con su manto
todo lo vivo: solo deja que la acompañen
la candidez de un ave que es espíritu,

News of the Hydra in the Golden City

Aloft, neglected lattices,
empty enclosed balconies, scarcely a native land
for elusive pigeons whose message, broken,
who receives the reader of someone else's signings
in faded ink on dry dossiers:
you sink, the timber flies off, cracked
cornices lodge weeds:
and not on a momentous day—on which a cyclone may call
dust and fragments—but all
the time are falling from above
the materials of a song now lost
down to the street, to the drains,
not vanquishing anything, or imposing a flora
except accidentally and slipping
on the gold and renewable head
of the hydra that, below, dwells, kept
efficient, clean, consolidating,
amid the changing light of the cellars.

And not only happens, swiftly and tenaciously,
that tumultuous imperceptible fall
from the old ranges of the eye: a thousand silences
are produced there, germinate, tighten
beams and pavements; they even reduce flights:
they nestle in the cracks of bells.

Flapping of wings and silences, volatile dwellers
of insomniac corridors people
the past, the heavenly ruins: if other beasts
survive from the life that once was, maybe they
are invisible reptiles with unknown names,
monsters that represent sins and interests
with the accuracy of heraldic figures:
but Queen—presumably—
Desolation expels with her cloak
everything living: she only allows as companions
the whiteness of a bird that is a spirit,

la negrura de otra que es presagio
de la que ya, funesto, abajo bulle:

Risueños servidores proveen a los cubiles,
trabajan la caída de las altas
criaturas irreales de piedra, cuyos gestos
de indolencia el sol dora dando luz a los pámpanos,
resaltando versiones de guirnaldas: aromas
y volutas cubriendo un horror más antiguo.

Como al final de estío el viento del oeste,
de rara aparición y reputado
como sentimental, las balaustradas
y las cúpulas barre haciendo que el vacío
respire azur en una tregua santa
de los extremos, se engalane
de una luz imposible que subsiste
apenas unas horas y su nostalgia tanto:
inútil talismán, helado arcángel derrotado.

Casa Lys

Colgante llamarada oblicua hacia poniente,
a qué tanto derroche de joya que claudica
como si más belleza, belleza más terrible
buscase en la caída lo que fue demasiado
para la sordidez de habitación y sueños
de los profanadores, de los que te entregaron
al abandono, hierro en flor, tibio cadáver, templo
donde liba el reptil y la palmera,
como irónico emblema de la supervivencia,
no cede ante el embate de las humillaciones.

Ruina pródiga, plantos o alabanzas
a ti son vapor leve que se condensa en vidrio,
lacre en los corazones en que se extingue y crece

the blackness of another that is an omen
of what now, fateful, swarms bellow:

Cheerful servants provide the river beds with wild beasts,
they work the fall of the haughty
unreal stone creatures, whose gestures
of lethargy the sun gilds bestowing light on the vine tendrils,
highlighting versions of garlands: scents
and volutes covering a most ancient horror.

As the western wind at the end of the summer,
of rare appearance and famed
for being sentimental, sweeps the balustrades
and cupolas making the void
breathe an azure in a holy truce
of extremes, be adorned
with an impossible light that scarcely
survives a few hours and its nostalgia as much:
a useless talisman, a frozen defeated archangel.

Lys House

Hanging flame slanting towards the West,
why so much excess of jewellery that yields
as if more beauty, a more terrible beauty
would search in the fall what was too much
for the squalor of the room and the dreams
of desecrators, of those who surrendered you
to dereliction, iron in flower, warm corpse, temple
where the reptile and the palm tree suck nectar,
like an ironic symbol of survival,
it won't give in before the onslaught of humiliation.

Prodigal ruin, elegies or praises
for you are a light vapour condensing on glass,
sealing wax on the hearts where the horrific image

la pavorosa imagen —revelada
por soles, lunas, por eclipses—
de la desolación, huerto de luz
esmerilada, sede de la tristeza, esfinge
que se apostó para morir pues dulce
es el ocaso: ya las antefijas,
ovas, lacinias, azulejos, plintos,
los pormenores de tu antiguo lujo,
aunque volaron —la rapiña, el viento—
frutos, genios alados de fundición, asidos
a una copa en llamas, tú los creas, los agregas
a tu espectro de herrumbre,
decoras su estupor: espuma, escamas
de tu oleaje de belleza,
revuelo de inventados pájaros y ornamentos,
arpía, trampa, dueña de simulacros
no visibles jamás sobre el magnolio;
oculta en las exedras que escaló la glicina
la gruta de rocalla, los truncos balaustres
remiten a los ojos incendiados
al desasistimiento que, en los límites
de la ciudad caduca, altos muros leprosos
representan, talud de piedra enferma
que el salitre de plata llena de seda, altos
jarrones donde habitan sucesores del ágave,
caracoles que riega el agua de las gárgolas,
lluvia que alguien transmuta tras el portón de hierro
en agua que desciende aún en el blanco agosto
por el musgo que cubre las pisadas
que, en el rubor, un día, de las celebraciones
portaron parasoles, miradas, candelabros,
cintas de llaves, rosas blancas y rosas rojas:
por las escalinatas que se reencuentran donde
se verían bogando esquifes en el río.

Imán, jaula del sueño, cruce de arquitecturas
y de historias: escenas, inventarios
caen desde ti mientras se perlan de oro
las cristaleras rotas, estrelladas
sugerencias, estampas, jirones que requiere

of desolation—revealed
by suns, moons, by eclipses—
dies and grows, orchard of frosted
light, capital of sorrow, sphinx
that lay down to die, for twilight
is sweet: now the antefixes,
algae, lacinias, glazed tiles, plinths,
the details of your former luxury,
though they flew away—the plunder, the wind—
fruits, forged winged genies, clinging
to a tree-top in flames, you create them, add them
to your spectre of rust,
you adorn their astonishment: froth, scales
of your beauty astir,
fluttering of made-up birds and ornaments,
shrew, trap, mistress of illusions
ever invisible over the magnolia tree;
hidden in the exedras that the wisteria climbed,
the grotto of rubble, the truncated balusters
refer to the eyes on fire
to the neglect that, in the borders
of the decrepit town, high leprous walls
represent, a slope of sick stone
that the silver saltpetre fills with silk, tall
vases where successors of the agave dwell,
snails doused by water from the gargoyles,
rain someone transmutes behind the iron gate
into water still descending in a white August
through the moss that covers the footsteps
which, one day, in the flush of celebrations
carried parasols, gazes, candelabra,
lanyards, white roses and red roses:
in the staircases that crisscross where
there would be skiffs rowing in the river.

Magnet, cage of dreams, crossing of architectures
and stories: scenes, inventories
fall from you while gold covers
the broken French windows, shattered
suggestions, prints, shreds that your

tu imposible retrato vagoroso en los años
como oriflama que congrega, dulce,
a los que exalta el desmoronamiento
acaso más que tu esplendor, difícil
de reconstituir, casi imposible
de imaginar sino como un pedazo
luminoso y cortante, de las vidrieras sépalo
añil, estela incierta de búcaros que aroma
el fin de los pasillos cuando bambúes y nácar
serían materia de sorpresa, eran,
bajo el peso solemne de la torre de azufre
de la que viene —águila— a beber la paloma
capitular al cinc de las cornisas:
algún detalle gótico que exime al agotado
surtidor y a la ruina de la taxonomía.

Un ángel de ceniza se mezcló en tus cimientos,
hurtó su hálito negro tras las irisaciones
de aceros y plumajes, qué error en el hisopo
se desleyó: envenenan raíces y volutas
el pozo: de un regalo a la ciudad prohijada
hicieron un fantasma volante, rara cifra
translúcida y remota detrás del aligustre
que hace silvestre la elegante traza
y la dificultad de los niveles
juego de las espadas de los lirios.

Lectura para nubes lo que ocurrió en el patio:
intento del estuco por abrazar la hiedra,
globos de acetileno alumbraron el cónclave:
el que taló, calzó la impar palanca,
despierte y diga: «... quiso el aire
arrebatar los planos», vence el teodolito
a la fontana: el vuelo de la corneja curva
signa el febril palacio de las suposiciones,
planea en la descripción, se oyeron pasos.

impossible gauzy portrait needs, hazy with time
like an oriflamme that sweetly summons
those passionate by the crumbling
rather than by your splendour, hard
to reconstruct, almost impossible
to imagine but as a bright
and sharp piece of the indigo sepal French
windows, uncertain trail of vases that scents
the end of corridors when bamboo and nacre
would be, were, the matter of surprise,
under the solemn weight of the sulphur tower
from which there comes—an eagle—to drink
the chapterhouse dove to the zinc cornices:
some Gothic detail that exempts the exhausted
water jet and the ruins from taxonomies.

An ash angel was mixed with your foundations,
hid his dark breath behind the iridescences
of steels and crests, what error was dissolved
in the aspergillum: roots and volutes poison
the well: from a present to the adopted town
a flying ghost was made, an odd figure,
translucent and distant behind the privet
that turns the elegant appearance wild
and the difficulty of levels
into a set of the swords of the irises.

A reading for clouds, what occurred in the patio:
the stucco tried to cling to the ivy,
acetylene lamps lighted the conclave:
he who felled the trees, wedged the one-sided lever,
may he awake and say, '…the air tried
to carry off the planes,' the theodolite defeats
the fount: the flight of the curved crow
marks the feverish palace of assumptions,
glides in the description—footsteps were heard.

De un palacio cerrado orientado hacia el este

Muro almenado: la visión se atiene
a la escueta ranura a la llave dejada
—¿a la llave perdida?—. Junto a una pilastra,
un espejo dorado en un montón de arena:
alegoría a la intemperie:
la mirada termina en las zapatas, donde
las lluvias continúan sin apresuramientos
la mutación de un torso en hojarasca,
de la arenisca al polvo: mas ¿no era
este alto palacio monumento a lo estable?

Al misterio dejemos las puertas de servicio,
los muros al jardín inexpugnable
a ver qué dice la fachada: entra
sol por los artesones, un rayo no previsto,
símbolo movedizo de entendimiento fácil:
tautología vil del deterioro
Pero, al este, la clara traza de los tres cuerpos,
la torre que corónalos conmueven
no al corazón, perdido bajo las evidencias
de que todo es caduco: a la razón,
aislada en la pesquisa de sentidos perennes,
alumbrada —aunque sea tarde— por la sonrisa
de los dos angelotes que el escudo sostienen.

Tentación encendida entre las dos aladas
criaturas —nada ostenta
(a bandas de metal campos de esmalte)
el blasón de narrable— de llenar el vacío,
que casi estalla dentro, con la imaginación.

Y, así, siguiendo el gesto de la puerta cerrada,
la sugestión de sus herrajes (clavos
de estrella), resistimos:
suponer un zaguán aquí es pecado.
Que lo espectral habite lo invisible,
nos asista la luz de lo que alienta
en el vacío solemne, clausurado, sin ecos.

On a Closed Palace Facing East

A crenellated wall: the vision is confined
to the austere groove left to the key—
the lost key? Beside a pilaster,
a gilt mirror on a mound of sand:
an allegory out in the open:
the gaze stops at the wedges, where
the rains unhurriedly continue
the mutation of a torso into dead leaves,
of sandstorm into dust: but was not
this tall palace a monument to steadiness?

Let us leave the service doors to mystery,
the walls to the impregnable garden
to check what the facade has to say: the sun
enters through the coffered ceiling, an unforeseen ray,
a restless symbol easily understood:
a wretched tautology of dereliction
But, to the East, the clear trace of the three bodies,
the tower that crowns them moving
not the heart, lost under the proofs
that everything is transitory, but reason,
isolated in the inquiry of perennial senses,
lighted—though it may be late—by the smile
of the two stout angels that support the escutcheon.

Temptation alight between the two winged
creatures—there is nothing
(brass stripes and enamel fields)
telling in the coat-of-arms—of filling the void,
that almost bursts inside, with imagination.

And, so, following the face of the closed door,
the prompting of its ironwork (nails
with star-shaped heads), we resist:
supposing a hallway here is a sin.
Let the spectral inhabit the invisible,
let the light assist us, the light of what's alive
in the solemn closed-off echo-less void.

¿O acaso son guardianes que previeron los planos
los ángeles, guardianes del destino
último de un espacio de ceniza dispersa?
No. Si al alba la puerta se dispuso
fue para que por ella entrara el sol, la vida
abriera los balcones, animara la logia.

Esperanzada y firme, la mirada —es rotunda
la clausura— se enfrenta con el número
justo para crear esta armonía imponente
que, como tal, indefinida burla
la pretensión del que la ve y no puede
saber su nombre y que, en los vanos,
en su alterno remate de curvas y de rectas,
ve el Orden de la duda, siendo precipitado
a donde le condujo la Belleza presunta:
en plena calle, bajo la hora llena.

Sobre el antiguo tema de dejar la ciudad

Sobre un amor que impone
fidelidad fatal al que por él se pierde:
amor que ahora desvelan las palabras,
el diálogo desnuda bajo la luna plena
y el fragor del solsticio.

Cayó la tarde y, a su fin, el ágape,
las pócimas, los filtros,
el necesario azar de impares tazas
y de la lejanía a colación: los barcos,
mares y valles comparados,
relatos ilustrando escuetos métodos
de cómo vadear remotos ríos: regreso
a un hogar sin condena,
infancias reinventadas —nadie diga
que por un lujo léxico— más bellas,

Or maybe the angels are guardians that foresaw
the blueprints, guardians of the ultimate
fate of a space of scattered ashes?
No. If the door was settled at dawn
it was for the sun to enter, for life
to open the balconies, to animate the loggia.

Hopeful and resolute, the gaze—the closing
is complete—is confronted by the exact
number to create this stunning harmony
that, as such, a vague jest
the pretension of him who sees it and cannot
know its name and that, in the openings,
in its alternate borders of curves and straights,
sees the Order of doubt, being precipitated
to where the presumed Beauty led him:
in mid-street, under the full hour.

On the Ancient Theme of Leaving the City

On a love that imposes
fatal loyalty to whoever is lost in it:
love that words now reveal,
the dialogue strips under the full moon
and the clamour of the solstice.

After nightfall, the feast,
the potions, the philtres,
the necessary chance of unequal cups
and of the brought up distance: the compared
boats, seas and valleys,
stories illustrating simple ways
of how to ford remote rivers: return
to an unpunished home,
reinvented childhoods—let no one say
it's due to a lexical luxury—more beautiful,

más decididas y más libres,
esta noche en que hacemos proyectos de viaje.

Y como aquí preside la impotencia en especie difusa
—iluminada estatua por los últimos rayos
como oscilante lámpara que mece la tibieza
de julio— desistimos (ah, el placer de vencerse)
y nos hacemos desistir:
no solo de viajes a la desesperada,
también del cabotaje por las riberas íntimas
que la memoria a cada cual aporta:
se llega, en el fingido delirio que atempera
la nitidez del cielo,
hasta aducir como imposible
—con voz que no disuena del ruido de las tazas:
familiar y brillante— salir de la ciudad
que, así, se erige
en planeta ella misma, en orbe aislado,
incapaz ciertamente de ser imaginada
a orillas de otros nombres, sustraída a recintos
de parecidas leyes.

Dícese en un escrito, meditado
ante otro ardor, que para sus asiduos
acaba convirtiéndose
una ciudad no en una costumbre sino en una
virtud. En este caso,
camino de agotarse los temas, duro el poso
¿cómo virtud hacer de esta impotencia
vuelta a nombrar, cómo elevar a emblema
la imagen circular de cuatro esquinas?

Porque ahora no vamos a creer
en letras en declive de otros náufragos
que sin duda buscaron a su mensaje playas
empavesadas de connotaciones...
No, aquí nada es disperso: aquí callamos
todos alrededor de un mármol nada mítico
pensando en los viajes que no haremos,
mostrando gestos desapasionados;

more decisive and freer,
this night in which we make travel plans.

And since here impotence presides as a diffuse species—
a statue illuminated by the last rays
like an oscillating lamp that rocks the warmth
of July—we give up (ah, the pleasure of defeating oneself)
and we make ourselves give up:
not only journeys in desperation,
also the cabotage across the intimate shores
which memory brings to each of us:
we go, in the feigned ecstasy that tempers
the clarity of the sky,
as far as to adduce it's impossible—
with a voice in tune with the clinking of the cups:
familiar and brilliant—to leave the city
that, thus, sets itself up
as a planet, as an isolated orb,
certainly incapable of being imagined
on the shores of other names, withdrawn to sites
with similar laws.

It is said in writing, pondered
before another ardour, that for its regulars
a city ends up
being turned not into a habit but into
a virtue. In that case,
the topics nearly exhausted, the sediment hard,
how to turn into virtue that impotence
named again, how to elevate to an emblem
the circular image of four corners?

Because now we aren't going to believe
in slanting letters of others shipwrecked
who doubtless sought for their messages
beaches decked with connotations...
No, here nothing is dispersed: here we are
all silent around a non-mythic marble
thinking about the journeys we shall not make,
showing dispassionate gestures;

aunque, ocultos por la conversación,
se oirían los corazones si un silencio se hiciera,
si un ángel de glaciales vestiduras pasara.

Señalado momento para que uno cualquiera
de los sedentes al olvido invoque
y rumie o haga algo que equivalga a decir:
«Que la palabra deje de mencionarse, el mito
no pida entrar en este breve islote»,
o, mejor, se levante y sin excusas
se dé una vuelta por el ágora
yendo a poner imaginariamente
en un templo cercano los símbolos que de otro
cayeran.

Pero, como alguien lo dijo, *somos
tan solo tristes empleados
de la conciencia*: nadie se levante
y aquel que lo iba a hacer en un silencio mire
a la acuosa mirada de un interlocutor
esperando anuencia para volver a entrar en el coloquio.

Asentimiento acaso insuficiente
por no creído pedir por el que lo otorgara...
Aunque el periplo es largo,
lejanas las regiones nombradas, convocadas,
y habrá necesidad de hacer vivaques,
ocasiones de canje y de fondeo
y aprovisionamiento: tantas que
haya un punto en que miras hoy dispares
resplandecerían juntas; tribulación menor
hoy nos halla reunidos: procedencias
confusas en la red que teje el tema,
una de cuyas partes son los ecos
de lo natal y de la soterrada
genealogía de cada uno,
que cada uno representa
en la ciudad en la que sin remedio
caemos atrapados por su mera mención
siendo tan necesarios para que se mantenga

although, hidden by conversation,
hearts would be heard if there were a silence,
if an angel of glacial vestments were to pass.

A perfect moment so that any
of the seated ones may invoke oblivion
and muse or do something that amounts to saying:
'Let the word be mentioned no more, the myth
not seek to enter into this islet,'
or, better still, rise up and without excuses
take a walk round the agora
in order to place in imagination
in a nearby temple the symbols that should fall
from another.

But, as someone said, *we are
only sad employees
of conscience*: don't anyone rise up
and may he who was going to do so in a silence look
at the watery gaze of an interlocutor
waiting for consent to get back into the colloquy.

Approval perhaps insufficient
for not believed asking for he who would grant it…
Although the voyage is long,
the named regions distant, convened,
and it will be necessary to bivouac,
to find occasions to exchange and anchor
and provision: so many that
there may be a point in which sights now unequal
would shine together; a minor tribulation
finds us assembled now: confused
origins for the net the subject weaves,
one of whose parts are the echoes
of the natal and each one's
hidden genealogy,
that each one represents
in the city in which hopelessly
we fall trapped by its mere mention,
where we're so necessary for it to remain

al nombrarla terrible, trivial, tal es ahora;
y tan inoportuno pronunciarse
en mitad de tan viva
conversación sobre visiones
personales: ¿Qué queda —se pregunta
uno de los presentes—
de esas palomas irisadas
que ayer se encaramaban sobre los balaustres
que doraba el poniente?
Mas su belleza fue de ayer y tanta
—acaba concluyendo para sí—
que no se presta a ser símbolo válido
ni tema alternativo, dada la cabalgada
común y, desde luego,
la incomunicabilidad de un fenómeno óptico,
aunque cuando decae el entusiasmo
de la charla
hay de nuevo lugar para la anécdota.

De tal manera ya el tibio discurso,
irrumpido por brillos, desviado
por la visión de islas feraces
y hospitalarias naves,
deja paso al relato de delirios privados
—con sus bellas imágenes— de que desconfiamos
por unanimidad que, así, remite
al motivo que, casi hecho cenizas
reclama una humareda final y constructiva.

Aún hay asentimiento en otros iris
cuando ya un servidor barre cristales
y risas esparcidas, risas como
de ver que la figura de uno en el espejo
piensa de otra manera, mientras vuelve el vacante
espacio de la duda y muecas fingen
esa supuesta solidaridad:
(Estamos bajo el cielo convencional de estío,
haciendo planes de viaje, aquello de senderos,
atavíos y costumbres,
siendo, como se dice, tan distintos.)

terrible and trite when being named, as is now;
and so inopportune to state one's opinion
in the middle of such a lively
conversation on personal
visions: What is left—wonders
one of those present—
of the iridescent pigeons
which used to perch on the balusters
the West gilded?
But its beauty belongs to yesterday and so much—
he ends up concluding to himself—
that it won't be suitable as a valid symbol
or an alternative subject, given the common
cavalry raid and, certainly,
the incommunicability of an optical phenomenon,
although when the enthusiasm for chatting
weakens
there is again room for anecdote.

Thus now the tepid discourse,
broken by flashes, waylaid
by the vision of fertile islands
and hospitable ships,
gives way to the story of private ravings—
with its beautiful images—in which we lack confidence
unanimously that, thus, refers
to the motive that, almost turned to ashes
claims a final and constructive cloud of smoke.

Still there is approval in other iris
when yours truly sweeps broken glass
and laughs all around, laughs as
if seeing that one's own figure in a mirror
thinks otherwise, while the empty space
of doubt returns and grimaces feign
an alleged solidarity:
(We are under the conventional summer sky,
making travel plans, those about paths,
attires and customs,
being, as it is said, so different.)

Deseosos de volver, desesperadamente
agarrados a su halda, a la rutina
con sus tácitas convocatorias
—en la nona columna—, a la tertulia:
mañana, sin los dioses en contra, aún el calor,
la luna casi entera
serán los que convoquen, los que animen
secretamente al viaje, al gesto
que, a escondidas y casi como quien
una causa traiciona, hay que tramar
para poder salir de estas murallas cálidas.

Del regreso del bosque

¿Bastará la señal de otro arco iris
doble para el reposo? Todo un valle
mayor que la mirada, cuajado de matices
y frutales en flor, ¿será bastante
para salir por fin de esta guarida?
¿O son estas señales señales de sí mismas
y la repetición —tenida por agüero—
una casualidad como los pétalos
son cinco en tantas flores? No sé, pero
volver en otro abril y releer
lo que iba a ser motivo del poema
hace pensar en el viaje,
trazar itinerarios sobre el azar del mapa
y en cómo la belleza
repite temas, se hace de rogar
y no se muestra hasta que el sol cayendo
con un tejado hundiéndose coincide.

Pero aunque no anunciase ni sirviera de bálsamo
—dirás— el arco iris no solo por la antigua
notoriedad de serlo es algo hermoso
y más si ciñe un valle donde estallan estambres.

Eager to go back, desperately
grasping her skirt, to the routine
with its tacit announcements—
in the ninth column—and to the get-together:
tomorrow, without the gods opposing, still the heat
and the near full moon
will summon, will secretly
enliven the journey, the gesture
that, hidden and almost like someone
who betrays a cause, one must contrive
to be able to leave these warm walls.

On the Return of the Woods

Will the sign of another double
rainbow be enough for repose? A whole valley
greater than one's gaze, filled with nuances
and fruit-trees in flower, will it be enough
for finally leaving this lair?
Or are these signs signs of themselves
and repetition—thought to be augury—
a chance just as there are five petals
in so many flowers? I don't know, but
coming back another April and rereading
what would be the poem's theme
makes one think of the journey,
of tracing routes on the map's chance
and of how beauty
repeats topics, plays hard to get
and does not show itself until the setting sun
coincides with a ruined roof.

But even if it didn't announce or serve as a balm—
you might say—the rainbow, not only for its ancient
renown of being itself, is something beautiful
and more so if it girdles a valley where stamens erupt.

¡Qué segura tristeza tener a los colores
como augurio del mal, sentir solo al crepúsculo
la paz que en el tañido del rebaño
estos despeñaderos hace olvidar! La vida
será un largo collar de atardeceres,
coral teñido de dolor. «Te acuerdas»
del bosque y de las fuentes que parecen lejanos
como si al visitarlos no hubiéramos creído
que existían, del racimo que consumió su aroma
sobre el cuentakilómetros.
      Piadosa
será la descripción si la nostalgia
no la anega de azúcar
como ahora a las precisas palabras esta música dulce
que una solicitud equivocada
dispuso como fondo a esta estéril tarea.

How truly sad to think of colours
as an evil omen, to feel only at twilight
the peace that with the clanking of the flock
makes one forget these precipices! Life
will be a long necklace of dusks,
coral tinged with grief. 'You remember'
the woods and the fountains that seem far-off
as if on visiting them we could not believe
they existed, the cluster that consumed its aroma
above the speedometer.
       Pious
will be the description if nostalgia
does not drown it in sugar
as do now the very words this sweet music
that a mistaken request
arranged as a background for this sterile task.

de

CUARZO

[1974-1979] (1988)

from

QUARTZ

[1974-9] (1988)

Arte poética

Comenzar: las palabras deslícense. No hay nada
que decir. El sol dora utensilios y fauces.
No es culpable el escriba ni le exalta
gesta o devastación, ni la fortuna
derramó sobre él miel o ceguera.

Escribe al otro lado del exiguo gorjeo,
a mano. Busca en torno (fruta, lápices) tema
para seguir. Y sigue —sabe bien que no puede—
haciendo simulacro de afición y coherencia:
la escritura parece (paralela, enlazada)
algo. Un final perdido lo reclama
a medias. Fulge el broche de oro en su cerebro,
desplaza al sol extinto,
toma forma —el escriba cierra los ojos— de
(un moscardón contra el cristal) esquila.

Un rebaño invisible y su tañido escoge
entre símbolos varios del silencio; e invoca:
«Mi palabra no manche intervalos de ramas
y de plumas: no suene.» Terminar el poema.

De la espuma

Celdas de luz donde la luz es libre
no se las bebe ni la tierra
ni el cuello de perdiz de la más bella.

Ahora no es agua otra
cosa —no desdén— que lo que no puede
asirse, trasvasarse: aire luz agua:
su suma no, la espuma.

Poetics

Starting: may the words slide. There is nothing
to say. The sun gilds utensils and fauces.
The scribe is not to blame nor do exploits
or devastation extol him, nor did fate
spill honey and blindness on him.

He writes on the other side of the meagre trilling,
by hand. He searches around (fruit, pencils) for a topic
to carry on. And he does so—he knows well he cannot—
simulating a liking and coherence:
the writing seems (parallel, interwoven)
something. A lost end half-demands
him. The gold brooch shines in his brain
displacing the extinct sun,
it takes the shape—the scribe closes his eyes—of
(a botfly against the window) a sheep-bell.

He chooses an invisible flock and its pealing
among various symbols of silence; and he invokes:
'May my word not stain gaps in branches
and pens: may it not sound.' Ending the poem.

About Foam

Cells of light where the light is free
are not drunk by the earth
or the partridge-neck of the most beautiful lady.

Now the water is nothing
but that—not scorn—which cannot
be grasped or decanted: air light water:
not their totality, foam.

Momento de esplendor tras la caída...
Herida jubilosa tras el choque...
Dolor tampoco: de lo humano nada
—ni sus palabras ni sus gestos— vale
para nombrar la espuma.
El estupor acaso la produzca.

Mecánica del vuelo

¿Perfeccionar lo inútil entretanto
el paisaje y el ave nada hacen
para tener un sitio en el edén? Pudiera
ser. La belleza no pide tributo.

¿Entonces? Dar ejemplo tampoco: la coherencia
no era flor: pero ¿dónde? Acompañado
por otras soledades, obedezca
el ave que no es, rece el paisaje
que no es paisaje (habla). Perfeccione
lo inútil a lo inútil. No haya edén.

Río

Para ser río al río le sobra el nombre: pierde
la historia —que de emblema lo utiliza— su cauce.
No pesca ni se baña en él el pensamiento.
Concepto es la corriente y, si canto, invocado
para el uso: «que corra, que reluzca».
Igual sucede a nubes y a bandadas; análoga
suerte le corresponde a los atardeceres.

A moment of splendour after the fall…
A jubilant wound after the clash…
Neither pain: of the human nothing—
not its words or gestures—is good
to name foam.
Perhaps astonishment produces it.

Mechanics of Flight

Perfecting the useless while
the landscape and the bird do nothing
to have a place in eden? It might
be so. Beauty seeks no tribute.

What then? Leading by example won't do either: coherence
was not a flower: but… Where? Accompanied
by other solitudes, may the bird
that is not such obey, may the landscape
that is not a landscape pray (speech). May the useless
perfect the useless. Let there be no eden.

River

To be a river a river needs no name: its river-bed
loses—used as an emblem—its history.
Thought neither fishes nor bathes in it.
Its current is a concept and, if a song, invoked
for usage: 'let it course, let it gleam.'
It's the same with clouds and flocks; a similar
fate awaits to dusks.

Díptico

Solo con el silencio esas aves se posan
y delicadamente puntean la nevada.
Si no, dulces, desisten,
buscan otro reposo, trazan inesperados
diseños en el aire. Desesperan.
Acaban ciegas en los ventisqueros.
Mueren heladas tras haber escrito
un mensaje que borra el viento de las cumbres.

Solo el blanco en las nubes no ser azar parece.
¿Qué gris es gris, qué curva
se recorta en lo azul como un confín de mármol?
Solo el blanco.
O ni siquiera, como aquella
carabela que iba surcando hacia el oeste
un celaje de otoño y se deshizo en lluvia.

Alcavatra

No se opone la jara, delicada de flor,
al que sube: le presta su hermosura
—guerreador o romero— a mitad de la cuesta
que en el rastrillo expira, en el umbral blindado.

No se mida la sangre que colora
la piedra de volcán: rosados muros,
ábside de obsidianas, rosetón
al sur como un regalo blanco: la
capilla. Las palomas
en las saeteras, los aljibes
hundidos y los grajos y los flecos al viento
del estandarte que ondeó

Diptych

Only when all is quiet those birds alight
and delicately pluck the snowfall.
Otherwise, they sweetly desist,
seek another place to rest, trace sudden
designs in the air. They lose hope.
They end up blind in the snowdrifts.
They die frozen having written
a message the wind from the peaks erases.

Only the clouds' whiteness does not seem to be chance.
What grey is grey, what curve
stands out from blueness like a marble confine?
Only whiteness.
Or not even so, like that
caravel that was cleaving westward
an autumn cloudscape and vanished into rain.

Alcavatra

The rockrose, with its delicate flower, doesn't impede
the climber: it lends him its beauty—
warrior or pilgrim—halfway up the slope
that expires in the portcullis, in the armoured threshold.

Let not the blood that colours
the volcanic stone be measured: pink walls,
apse of obsidian, rose window
to the south like a white gift—the
chapel. The pigeons
in the arrow loops, the cisterns
sunk and the rooks and the frayed edge to the wind
of the banner that waved

apenas si sostienen el pesado silencio
que desde el valle asciende, las ruinas amenaza.

Vuelva la nieve de las aspilleras,
crezca el musgo feraz, siga la luz
del mar remoto ardiendo
bajo las nervaduras. Vámonos. Suene,
crótalo de beleño, tu semilla en tus cálices.
Quede la muerte en su escarpada sede.

Júbilo de los ojos

Encontraste al amparo de estas navas
en que se guerreó bajo la enseña
del cuarzo, azul cuajado,
hasta dejar emponzoñadas
las charcas, las que inician
ahora la palabra más profusa,
la frase más feraz,
la floración desmesurada,
la posibilidad de mil matices más,
que el campo es ancho
y se ondula, decrece, trepa, tensa
sin dolor, sí, no oculta
el lugar que cobije o almacene
las lágrimas, aljófar,
ni el hermosísimo rocío.

¿Cómo no vimos en aquel barranco,
en los áridos terraplenes,
el espino florido que los dulcificaba?
¡Estos ojos que no supieron ver
sigan abiertos,
callen, anden y vean;
y sobrepasen ámbitos de oasis!

scarcely sustain the heavy silence
ascending from the valley, menacing the ruins.

Let the snow of the battlements return,
the abundant moss grow, let the light
of the distant sea keep burning
beneath the vault ribs. Let's go. Let your seed,
henbane rattlesnake, sound in your chalices.
Let death stay in its rugged headquarters.

Jubilation of the Eyes

Under cover of these valleys
where battles were fought under the flag
of quartz, studded with blue,
to the point of poisoning
the pools, those that initiate
now the most profuse word,
the most fertile phrase,
the boundless flowering,
the possibility of a thousand more nuances,
you found out that the fields are wide
and undulate, decline, climb, tense
painlessly, in fact don't conceal
a place that would shelter or store
tears, seed pearls,
nor the most beautiful dew.

How did we not see in that gully,
in the barren embankments,
the blossomed hawthorn that sweetened them?
Let these eyes that couldn't see
stay open,
be quiet, move and see;
and exceed spheres of oasis!

Que la palabra está encendida y llenos
los campos de amapolas y de ovas los ojos
llenándose: dos charcas
de colores que el cuarzo,
la arista antigua no rechaza. Y lloran.

Elogio del azar

Solo el azar aquello que perdiste
te puede devolver, o simulacros
de aquello. Ningún plan de ángel o bestia
lo va a restituir: no provenía
aquella luz de voluntad alguna:

¿La dirigía el azar que no dirige:
la suma del azar abrió la fuente?
Y, si la ornamentó una mano, nada
—sino la agrimensura, las distancias:
el tiempo sí es del hombre—
que ver con la belleza en esa hora
tuvo el improvisado jardinero.

En el templo; a la espalda de los adoradores

Es la ansiedad cornisa
dispensada de aristas por racimos de dudas.

Peldaño de humo antiguo desde donde
se ven los frascos de la sangre, óleo
y agua, niveles. La mañana
recompondrá el lugar, copas de bronce

The word is inflamed and the fields
full of poppies and the eyes are filling
with waterweed: two coloured
pools that the quartz,
the ancient ridge, does not reject. And they weep.

The Praise of Chance

Only chance can bring back
what you lost, or imitations
of that. No plan of angel or beast
will restore it: that light
did not come from any will:

Did undirecting chance direct it:
did the totality of chance open the fountain?
And, if a hand adorned it, nothing—
but the surveying, the distances:
time in fact is man's—
to do with beauty at that time
had the makeshift gardener.

In the Temple; Behind the Adorers

Anxiety is a cornice
exempted from fringes by bunches of doubts.

A step of ancient smoke from where
bottles of blood, oil and water,
and levels can be seen. The morning
will repair the place, bronze cups

en las que cabe el río, el mes sin nombre,
la luz azul, terrible, mansa.

Adormecientes hilos de sombra llegan desde
la retina de los usurpadores.
Difícil, tras el trato con la bicorne máscara,
fe en las semillas voladoras: («Íbamos,
ay, a limpiar de hollín las nubes»).

        Orden
de la serenidad con la que admiran
los ángulos del coro de resistir —unidos
por la línea de fuga a la policromía,
atrapados, orantes y adorados—,
de resistir el ritmo que los oros imponen
en su degradación aquí definitiva.

De Venus

Natividad atónita, infinita
como el agua del mar en el espejo
que rompe la tormenta.
      El espectáculo
converge hacia las nubes que recogen la lluvia.

  * * *

La sed de luz dirige la jauría.
Ella —trampa y temor, isla de gozo—
¿será inundada?
De su limo saldrán las nuevas bestias
hacia la misma luz.

  * * *

in which the river fits, the nameless month,
the blue, terrible, calm light.

Drowsy threads of shadow reach from
the retina of the usurpers.
Difficult, after mixing with the two-horned mask,
faith in the flying seeds: ('We were going,
ah, to clean the soot off the clouds').

                                          Order
of serenity with which they admire
the angles of the choir of resisting—united
to polychromy through the vanishing line,
trapped, the praying and the adored—
of resisting the rhythm the gilding imposes
on their deterioration here definitive.

About Venus

Astonished nativity, infinite
like sea water on the mirror
the storm shatters.
                        The spectacle
is directed toward the clouds that gather the rain.

    * * *

The thirst of light guides the pack of hounds.
Will it—snare and fear, island of pleasure—
be flooded?
From its slime the new beasts will arise
toward the same light.

    * * *

Mujer de los exvotos, santa de palma, chivo
de expiación, no desoigas
tu tradición de lava que el huracán transmite
por las olas del mar.
                    Perdónalos,
tú, que vas fecundando las semillas a ciegas.

    * * *

Lebreles dieron caza a las doncellas.
Bocado inaccesible para el monstruo,
la casta Venus. Cóncavo y convexo
tienen clave común. Aúlla la bestia
y una playa se rinde y se hace almohada.

    * * *

La espuma, al gravitar sobre las aguas
y los despojos de los navegantes,
hace flotar los corazones; hunde
el adiós las orillas.
                    De los mástiles
oriflamas y ahorcados penden.
                            Ave,
Afrodita tan leve, tan demasiado leve.

    * * *

Por más que te recubras de tu efigie
posible y pedestales ocupes y te mezcles
con imaginaciones de tus súbditos,
siempre serás las misma, clara Venus:
pureza cruel, cortante nácar,
mármol.

Lady of ex-votos, saint of palm, scape-
goat, don't disregard
your tradition of lava the hurricane passes on
through the waves of the sea.
                                            Forgive them,
you, who are blindly fertilising the seeds.

      * * *

Greyhounds hunted the maidens.
A mouthful inaccessible to the monster,
chaste Venus. The concave and the convex
have a common key. The beast howls
and a beach wears out and becomes a cushion.

      * * *

Foam, on gravitating above the waters
and the remains of mariners,
makes hearts float; farewell
drowns the shores.
                        From the masts
hanged men and oriflammes are suspended.
                                                Hail,
Aphrodite so gentle, so too gentle.

      * * *

However much you cover yourself with your possible
effigy and stand on pedestals and get involved
in your subjects' imaginings,
you will always be the same, clear Venus:
cruel purity, sharp mother-of-pearl,
marble.

Cuarzo

Cuarzo de seis paisajes
y seis del cielo, hollado
por los que distribuyen
signos. La luz no sigue
la historia de los hombres. Es muda,
choca y vuelve,
deja inocuo color en sus obstáculos;
o se aloja; se irisa donde hubo
el cóncavo mordisco de la herramienta. Oh, cuarzo,
exime a tus aristas del tacto aquel del hijo
perplejo que hubo de
desearte y cogerte
y llevarte a la casa de la doliente duda
en donde habita herido y sobrevive alado.

Quartz

Quartz of six landscapes
and six of the sky, trodden
by those who distribute
signs. Light does not follow
the history of men. It is silent,
collides, returns,
leaves an innocuous colour on its obstacles;
or stays; turns iridescent where there was
the concave bite of the tool. Oh, quartz,
exempt your edges from the touch of that
confused son who had to
desire you and pick you up
and carry you to the house of the grieving doubt
where he dwells wounded and survives winged.

de

CLAVE DE LOS TRES REINOS

[1974-1985] (1986)

from

KEY TO THE THREE KINGDOMS

[1974-85] (1986)

La palabra cansada

Dolor de la palabra:
tener que hacerse verbo para hacerse
carne, flor, mármol:
es del aire y las aves
la llevan en sus alas
y en su sangre los hombres.

Una dulce palabra
para el mal de palabra: clavo que
a otro saca. Vivida toda una
ola del mar para poder mojarse
los labios secos con el agua amarga

Dulce que era el rocío, la vihuela
dulce junto al remanso. ¿Dónde, dónde
se fueron los garridos amadores,
la lentitud del río bajo el puente de oro?

Algún eco llevó hasta las guaridas
de la sombra una voz y allí, cercada,
se unió a otras voces muertas y un hechizo
las derramó en el valle envenenado.

* * *

Y así como el estambre se recubre de polen
labios que no dijeron más que sílabas frescas
arden de amor, se ciegan,
pronuncian vaticinios, crían reptiles

(Desciende como lluvia que suspende las armas
una oración para elevar al cielo,
un terco aldabonazo en las cerradas
puertas del paraíso borrado por el trueno)

The Exhausted Word

Pain of the word:
having to become word to become
flesh, flower, marble:
it belongs to air and birds
bear it on their wings
and men in their blood.

A sweet word
for the evil word: a shoulder of mutton
driving another one down. A whole sea-wave
lived to be able to moisten
one's dry lips with bitter water

The dew was sweet, the *vihuela*
sweet beside the pool. Where, where
did the handsome lovers go,
the slowness of the river under the golden bridge?

Some echo brought to the lairs
of the shade a voice and there, surrounded,
it joined other dead voices and a charm
poured them into the poisoned valley.

* * *

And just as the stamen is covered by pollen
some lips that said nothing but fresh syllables
burn with love, become blind,
pronounce prophecies, nurture reptiles

(It descends like rain that suspends weapons—
a prayer to be raised to heaven,
a stubborn knock on the closed
doors of a paradise erased by thunder)

Los secos labios con las acres ondas
se sacian de la sed de la dulzura
que en la flor profanada es ya ponzoña

Mas saldada la cuenta con el mar
el primer pozo aliviará con creces
la avidez del cristal, la piel y el pétalo.

    * * *

En la cansada frase cabe
todo el horror no es acontecimiento
el canto ni aventura solo hay júbilo
como un punto de luz casi extinto en lo sórdido.

Cuando es inconfesable lo que los ojos narran
nada es trivial. Qué objeto no supera
la palabra más alta la más alta leyenda

Y si se pliega, exiguo, el discurso ante el sueño
aceptando que el alba dispensará de un golpe
otra puerta a la voz
acaso sea posible que la ceniza tiemble

que los posos del día te recuerden que hubo
tiempo más luminoso y que por la palabra
tú mismo remontaste esa corriente
—qué glaciar no es un río— que te enmudece ahora.

    * * *

Carne por los extremos lacerada
en la laceración se vuelve joya
y de su destellar nace un insecto
que libará si fulge la tormenta
más dorado en las sílabas del verbo.

Dry lips with the acrid waves
satiate their thirst of sweetness
which is now poison in the desecrated flower

But once the score is settled with the sea
the first pit will surely alleviate
the avidity of glass, skin and petals.

    * * *

In the exhausted phrase all the horror
fits—the song is not an event
nor is fortune there is only jubilation
like an almost extinct dot of light in sordidness.

When what the eyes narrate is unmentionable,
nothing is trifling. What object does not overcome
the highest word the highest legend

And if speech yields, meagre, before sleep
accepting that the dawn will dispense all at once
another door to the voice
perhaps it may be so that the ash trembles

that the dregs of the day remind you there was
a more luminous time and that for the word
you yourself surmounted the current—
what glacier is not a river—that silences you now.

    * * *

Flesh lacerated on the edges
becomes a jewel in its laceration
and from its sparkle an insect is born
that will suck nectar if the storm flashes,
more golden in the syllables of the word.

Advenimiento

Cómo ha venido esta mañana
el sol. Menudo alarde: las montañas
azules transparecen

De dónde habrá salido esta imposible
nitidez de horizontes y de frisos
(nada estorba el perfil de las arpías)
y esa violeta de los encinares

Las cúpulas no brillan como siempre;
no sé si más: entre las torres
pasa un torrente rosa de luz fresca
río en el que —seguro— me he bañado
alguna vez los ojos, ya hace mucho
tiempo   Y esa manera que las nubes
tienen hoy de agruparse. No sé, algo
va a ocurrir. A qué santo
esta luz excesiva, trigo limpio
para una ciudad que se merienda
todo lo que la echen
                    Ha ocurrido
algo: quizá ya empiece
el sol a acicalarse para la clara fiesta
que algunos de nosotros esperamos.

* * *

Con esa anunciación de lo lejano
hasta estas piedras —no como horizonte
que siempre en lontananza mantiene su esplendor—
nacerá tal criatura dentro de los tres reinos
que su memoria tenga asegurada

Esta constatación de la belleza,
ese baño de luz en que el conocimiento

Advent

The sun has certainly risen
this morning. What a flaunting: the blue
mountains become transparent

From where, I wonder, has this
impossible clarity of horizons and friezes
(nothing obstructs the profile of the harpies)
and that violet of the oak woods emerged

The cupolas do not shine as usual;
I don't know if more so: amid the towers
a pink torrent of fresh light passes
a river in which—for sure—I once
bathed my eyes, a long time ago
now
      And the way in which the clouds
are gathering today. I don't know, something
is going to happen. Why on earth
this excessive light, trustworthy
for a city that will thrash whatever is
put in front of it
              Something
has happened: maybe the sun
is now beginning to dress up for the fiesta
which some of us are waiting for.

   * * *

With that annunciation from the distance
to these stones—not like an horizon
always maintaining its splendour far off—
within the three kingdoms such a creature will be born
whose memory will be assured

This verification of beauty,
that light-bath in which knowledge

como estatua de mármol pasa del frío a la carne
remite a las pupilas incendiadas
a meditar sobre la arrebatada
palabra: la hermosura
niega la voz que intenta proclamarla.

El cenotafio

Cirros con su atavío de difuntos
serenamente ocultan la intención que los forma

Se les sumó el color de ceniza batida
sobre la espuma más amarga:
elaboró el tamiz la última nieve

Ahora, que desatados son los vientos,
sobre el cielo rechinan frases largas

pero el horror no significa tal
si queda tu palabra de veras desprendida
corazón asomado a un doble abismo
iris sin mancha erguido entre los vendavales.

La puerta

¿Qué jaspe, qué voluta
—si no copió sus curvas o sus vetas
de la flor— se sustrae
a su comparación?:
su fábrica desea mantener contra el tiempo
la ventura de amor que mayo muestra.

like a marble statue goes from cold to flesh
remits to the inflamed pupils
to meditate on the impassioned
word: its beauty
denies the voice that tries to proclaim it.

The Cenotaph

Cirrus clouds with their funereal attire
serenely conceal the intent that forms them

They displayed the colour of beaten ash
on the bitterest foam:
the sieve produced the last snow

Now that the winds are unleashed,
lengthy phrases squeak above the sky

but the horror doesn't mean so much
if your word indeed remains undone
a heart peeping to a double abyss
a stainless rainbow raised among the gales.

The Door

What jasper, what volute—
if in its curves or streaks it did not copy
from a flower—avoids
its comparison?:
it hopes to maintain its making against time
the fate of love that May shows.

También el mármol cae con más estruendo
que lo representado en su materia
Es amor, es dolor —o no— la huella
entre los cardos blanda
entre las madreselvas imperecedera

Al mineral le exime el tiempo
de parecerse a toda la floresta:
congeló su color, le condenó a más alta
contemplación: no dice ni respira:
el aire es su conformación...

Tríptico de Santiz

I

No fue donde dijimos. Es aquí,
en esta altura que desteje el viento
donde quisimos descansar. Muy cerca:
en esa encrucijada de la fuente
más quieta en que las copas tiemblan solo.
Pero ya es imposible el mito. Dimos
todo el lugar equivocado,
la mención se fue a un valle que no era.
Ahora, en el lugar, aquel error nos deja
desnudos, sin excusas, no culpables;
porque la tierra a nadie culpa.
Nuestra palabrería nos dejó sin pretextos
como el viento sin pétalos a las rosas silvestres.

Y no es a descansar a que vinimos:
a remover el lodo que nos cubre
para que otros levanten el error hecho cuenco.
No a solazarnos, a reconocernos
en la tierra y sus heces, en sus irisaciones
que esmalten el sendero y en sus bruscas
erupciones: las viñas aún no prestas

Marble also falls with a greater crash
than its matter implies
It is love, it is pain—or not—the track
soft amid the thistles
eternal amid the honeysuckle

Time exempts the mineral
from seeming a verdant grove:
it froze its colour, it condemned it to the highest
contemplation: it neither speaks nor breathes:
the air is its shape…

Triptych of Santiz

I

It wasn't where we said. It's here,
in this height which the wind unravels
where we wanted to rest. Close by:
at that crossroads where there's a fountain—
the quietest one—and treetops just shiver.
But myths are now impossible. We gave
the wrong directions,
we mentioned a mistaken valley.
Now, in the right place, that error leaves us
naked, without excuses, blameless;
for the earth blames no one.
Our palaver left us without pretexts
as the wind left wild roses without petals.

And we didn't come here to rest,
but to remove the mud that covers us
so others may raise the error turned into hollow.
Not to repose, but to see ourselves
in the earth and its dregs, in its iridescences
that enamel the pathway and its sudden
eruptions: the vines still not ready

a dar uvas, los pinos crepitando
antes de arder. Materia que no olvida
que ha de crecer para sazón de nada.

No son nuestros los campos:
solo un ajeno modo de percibir sus luces,
de dar estéril nombre a lo que ya otro tiene.
De tal manera que, cual quien compone
un ramillete en un jarrón, tenemos
que erigirnos el ánimo ante el peso
de caminos y cielos por donde se pasean
los legítimos dueños, los que han hecho el paisaje;
y transitar por una senda oblicua
—vacante y ya sin uso— hacia lo abandonado.

II

Vino de las laderas, valedero
para entibiar los dientes del invierno,
madura al sol. Ahítos
del eterno descanso, emergen huesos
del teso santo: qué lugar, qué vista
en el centro de un orbe ceñido por las sierras
y la lejana bruma de lo indeterminado
que trae nubes del mar. Todos los vientos
llegan aquí, más altos
vientos solicitaron los muertos. Son los vivos
los que creen que reposan. Si en la vida
se va muriendo, no por eso merma
el ansia de bullir, subir pisando
hojas de roble, trozos de cerámica
bajo el canto de un pájaro invisible
que —sabiendo que buscas en el pasado algo—
diga «eres tú, eres tú». Y que de nada valga.

III

Es la niebla otra forma del agua y del olvido.
¿Qué fue de la ciudad tan divisada?
Ahora el bosque es confín y los relatos

to yield grapes, the pines crackling
before bursting into flames. A matter that knows
it has to grow never to attain perfection.

The fields don't belong to us:
only a strange way of perceiving their lights,
of giving a sterile name to what was already named.
Thus, just as someone arranging
a posy in a vase, we have
to lift up our spirit before the weight
of roads and skies through which stroll
their rightful masters, those who created the landscape;
and go by an indirect pathway—
empty and now unused—toward abandonment.

II

Wine from the slopes, valid
to warm the teeth of winter,
ripens in the sun. Sated
with eternal rest, bones emerge
from the holy crest: what a place, what a view
in the centre of an orb surrounded by sierras
and the distant mist of the indeterminate
that draws clouds from the sea. All the winds
reach this place—the dead
besought higher winds. It is the living
who believe they are at rest. Though in life
one is dying, that won't abate
the eagerness of seething, of treading
oak leaves, bits of ceramic
under the song of an invisible bird
that—aware of your rummaging in the past—
may say 'it's you, it's you,' and make everything worthless.

III

Mist is another form of water and oblivion.
What happened to the well-spied town?
Now the wood is a border and its stories

remontan de los pinos como grises jirones:
el jabalí y la empresa hozaron donde ahora
zumba la radio entre ateridas tejas.

Ah el otoño poroso, ah las abrasadoras
heladas. Volveremos
quizá en abril, el pensamiento vuela:
para volver al apogeo del valle
no hay sino que esperar como envejece
en el dintel el ramo de cantueso
o entregarse brillando como los colorados
frutos de los espinos
y ennegrecer, tiznar una palabra
en la escarcha: vendremos. No se agota
la forma en una sola visión. Nada ha pasado.

soar above the pines like grey shreds:
the wild boar and the undertaking rooted where
now the radio hums amid frozen roof-tiles.

Ah the porous autumn, ah the scorching
frosts. We will return
maybe in April, thought flies:
to return to the apogee of the valley
one can do nothing but wait the same way
the branch of lavender withers on the lintel
or surrender shining like the red
fruits of hawthorns
and darken, blacken some words
in the frost: we'll come back. Shape isn't
exhausted in a single sight. Nothing happened.

de

PRIMAVERA SOLUBLE

[1974-1985] (1992)

from

SOLUBLE SPRING

[1974-85] (1992)

Vieja dedicatoria

Por esa veta gris en una perla
donde incendia la luz del occidente
un paisaje tras otro, una tras otra gema,
busqué fuentes y hallé, topé con valles
me perdí vi el antiguo camino, eludí aldeas
y quise cabalgar. Te recordé sentado
junto al refugio de la salamandra.

Por mis palabras indefensas nunca
vas ni ibas tú. Este ocaso es casi tu silencio
y un latido en tus sienes deshace la belleza.
No como el tiempo que segó la sangre:
como una luz vivísima que mueve
la destrucción de todos los horizontes frágiles
para vibrar imperceptible sobre
el sol, el agua, los atardeceres.

Oración

Ve desde tu balcón a ese muchacho
que por las tardes baja a las islas del río
a buscar los caballos que pastan la alta hierba.

Míralo bien si quieres
saber de mi temor: en su quebrada
voz me he reconocido
como el muro pudiera saber de su dureza
por el chasquido de la porcelana.

Estoy cansado, tú, incansable:
quiero verme en la orilla si no es posible como
quien habla de centellas con flexible sonrisa,
contemplador del agua, las bestias y los hombres...

An Old Dedication

Through that grey vein in a pearl
where the western light torches
landscape after landscape, gem after gem,
I sought and found fountains, bumped into valleys
got lost saw the ancient route, avoided villages
and tried my way on horseback. I recalled you sitting
beside the haven of the salamander.

Through my indefensible words
you never come or go. This sunset is almost your silence
and a throbbing in your temples undoes beauty.
Not like the time that reaped your blood:
like a very sharp light that moves
the destruction of all the fragile horizons
to vibrate imperceptible above
the sun, the water, the twilights.

Prayer

From your balcony see that boy
who in the evenings goes to the river isles
to look for horses grazing on the tall grass.

Look well at him if you want
to know of my fear: in his quavering
voice I have seen myself
just as the wall might know of its hardness
by the cracking of the crockery.

I am tired, you, inexhaustible:
I want to see myself on the shore if it's not possible like
someone who speaks of sparks with a pliable smile,
contemplator of water, beasts and men…

sin este corazón que vuelve turbio al menos
cauce que va a beber

o cae en una urna de diamante durísimo
si quiere conocer cómo la tarde es tierna.

Mapa animado con ejemplos
de lo que hubiera sido

Si pura fuera la contemplación
la calle sin memoria, los quehaceres
sin referencia y ábaco
sería mirar, hacer, ser hecho, respirar luz y aire.

Ocuparían el corazón
los cúmulos, la jara.
La confusión, las venas.

Y qué gestos de árbol iba a tener la voz, la artesanía
qué fulgor de tormenta
el éxtasis de estar o de caerse qué tersura
el ser metal o pisar cieno.
Andar hubiera sido perfil de la colina
bajo la lluvia el sol:
El sol multiplicado por dos trazos de agua
los ojos los planetas habitando en el mundo…

§

Llueve.
De la lluvia recojo las palabras
y su insistente tacto sobre el músculo tenso.
Hacia ti me dirijo estatua
hermana.

without this heart which blurs at the least
river bed from which he is going to drink

or falls into an urn of the hardest diamond
if he wishes to know the tenderness of the evening.

A Map Enlivened with Examples of What Might Have Been

If contemplation, the street without
memory, the chores without
reference or an abacus were pure
we'd just look, make, be made, breathe light and air.

Cumuli, the rockrose
would occupy the heart.
Confusion, the veins.

And what tree gestures would the voice have, the craftwork
what a stormy brilliance
the ecstasy of being or falling what a smoothness
being metal or treading silt.
Walking would have been the hill's shape
the sun under the rain:
The sun multiplied by two water strokes
the eyes the planets dwelling in the world…

§

It's raining.
From the rain I pick up words
and their persistent touch on the tense muscle.
I am heading towards you, sister
statue.

Mis dedos temblarían sobre tu espalda como
las gotas jubilosas que han encontrado un hombro,
un lugar de escribir o de llover
—laguna acrecentada el corazón—.

Mientras el sol saliera y el céfiro orase.
Lo que queda de la tarde, lo que de vida queda,
bebería de mis dedos lo que fue tu dolor.

§

El aguijón —el pico rodea al pétalo—
trazará en el alcor tu inicial aún ignota,
coincida o no con el filón, un día
que se señalará con un silencio, un fruto
más. La ternura amarga, el estupor de
        ser objeto invoca
su blancor, su blandura a la tibieza
del Roble en Primavera: No sé tu nombre, invento
la nieve alrededor, la nube navegante,
un olmedo en penumbra para que me lo digas.

§

El viento y el calor
—belleza era verdad—
daban aliento al río, a los caballos
a los ojos del puente, a la floresta
a las flores acuáticas.
Quizá esperaba la venganza
—o la lección— junto al latido
casi común que se encendía
y hacía latir a las riberas.
Hubo un temblor en una rama
que acaso no moviera el aire
sino el invierno razonable

My fingers would tremble on your back like
jubilant drops that found a shoulder,
a place for writing or raining—
a swollen pool the heart.

As long as the sun came out and the zephyr prayed.
What remains of the evening, what remains of life,
I would drink your past pain from my own fingers.

§

The sting—the beak encompassing the petal—
will trace on the hill your initial still unknown,
whether it fits the rock seam or not, a day
which will be marked with a silence, one more
fruit. The bitter tenderness, the stupor of
        being an object invokes
its whiteness, its softness to the smoothness
of the Oak Tree in Spring: I don't know your name, I invent
the surrounding snow, the sailing cloud,
an elms grove in shade for you to tell it to me.

§

The wind and the heat—
beauty was truth—
animated the river, the horses
the bridge spans, the verdant grove
the aquatic flowers.
Maybe vengeance—or the lesson—
was waiting beside the almost
common pulse that was lit up
and made the shores throb.
There was a trembling in a branch
that perhaps wasn't moved by the air
but by the reasonable winter

de un corazón que a otro le dice:
«Ya nos veremos en cualquier momento.»

§

A qué orillas se fueron tus mejillas: mis manos
confundidas con plumas, con crónicas flotantes
objetos y embalajes, venenos y reflejos
cubrieron lo más frágil de tu cara innombrable.
A qué oscura barrera contra la leve savia.
A qué uso sometido a qué grasa de leyes.
Qué esfuerzo de lo sórdido te trae a mi memoria
faz de luz, gelatina que me alimenta el vértigo.

§

of a heart that says to another:
'We will meet again some other time.'

§

To what shores did your cheeks go: my hands
confused with feathers, with floating chronicles
objects and packages, poisons and reflections
covered the most fragile of your unspeakable face.
To what dark barrier against the gentle sap.
To what use subjected to what grease of laws.
What effort of sordidness brings you to my memory
face of light, gelatine that feeds my vertigo.

§

Doce emblemas

1
LÁMPARA CHINA

Recompón los pedazos
si no sale la misma
escritura, no importa
que se sigue leyendo
la luz en las palabras…

2
POÉTICA EN ABRIL

La forma de un jardín no viene dada
es la que da el jardín.

Miles de pájaros
y muchos miles más de situaciones
dando que hablar al jardinero, el único
que permanece inalterable y mudo
sin dejar de echar agua por la boca.

3

Pródiga es en cicuta la presente
primavera:
verde y fresca alimenta la mirada
contra los que la usaron de veneno.

4
INFINITO

Que de cada varilla
otro abanico surja de finitas varillas.

Twelve Emblems

1
Chinese Lantern

Mend the pieces
if the same writing
does not come out, it won't matter—
one can still read
the light in the words…

2
Poetics in April

The shape of a garden isn't given
it is what the garden gives.

Thousands of birds
and many more thousands of situations
make the gardener gossip, the only one
who remains impassive and mute
constantly pouring water through his mouth.

3

Lavish is the hemlock this
present Spring:
green and fresh it nurtures one's gaze
against those who used it as poison.

4
Infinity

May from each rib
a new fan emerge with finite ribs.

5
(El poeta hipersensible J. R. J. en su gabinete insonorizado)

Aquí no hay quien escriba:
te interrumpe hasta el corcho,
que no deja de hablar de sus abejas.

6

Frutal en flor la nieve
sobre el deshielo...

7

La guadaña del viento abre el verano
el heno precipita su olor
sobre los ríos floridos.

8
Otoño

Al arrancar un cardo
me he manchado de plata.

9
Tópicos deseados

En el invierno en las montañas altas
una cinta de seda
como abrigo del cuerpo nos será suficiente.
(En el estío
una brizna de hierba y su sombra delgada
movediza frescura para el paso
del desierto voraz.)

5
(The Hypersensitive Poet J.R.J. in His Sound-Proof Study)

It's impossible to write here:
even the cork interrupts you—
it won't stop speaking of its bees.

6

Fruit tree in flower the snow
above the thaw…

7

The wind's scythe opens the summer
the hay throws its smell
on the rivers in bloom.

8
Autumn

On plucking a thistle
I got stained with silver.

9
Wished-For Clichés

In the winter in the high mountains
a silk ribbon
will be enough to warm our bodies.
(In the summertime
a blade of grass and its thin shadow
restless freshness when going
through the fierce desert.)

10

Si apenas una rama cede, todo
mira hacia su temblor: han sorprendido
mil hojas su caída.

Pero un ave
en absoluto innominada cruza
las copas renovando
la paz de todo el bosque.

11
LAS PARCAS

Con días y noches tejen
la red.
De la red hacen hilo,
deshilan y la nada.

12

Rosa cuyo atributo
no se encuentra: y si hallada
una palabra próxima a la forma
en que se agrupan pétalos y espinas
se escalonan, no crece
su vanidad ni su rubor tampoco.

Mira a la rosa, entonces,
blasón sea tu mirada
de tu mirada. Cada vez más nítida
la simultaneidad: rocío y ternura,
posesión y arrebato,
seducción y vacío… De la rosa
¿quién llega a ser su blasón?

10

If a branch hardly gives way, everything
looks toward its trembling: a thousand leaves
have been surprised by its fall.

But a decidedly
nameless bird crosses
the treetops renewing
the peace throughout the woods.

11
The Parcae

With days and nights they weave
the net.
From the net they make thread,
unravel and nothingness.

12

Rose, its attribute
is not found: and if found,
a word next to the shape
in which petals group and thorns
are heightened, its vanity
does not grow and neither does its blush.

Look at the rose, then,
may your gaze be a blazon
of your gaze. Ever clearer
the simultaneity: dew and tenderness,
possession and rapture,
seduction and emptiness… Of the rose,
who ever becomes its blazon?

Cristal de Lorena

(1987)

Lorraine Glass

(1987)

Cristal de Lorena[1]

> *La champagne y est peinte pour des gens de cour*
> *qui veulent retrouver la cour dans leurs terres.*
> H. Taine, *Voyage en Italie*

I

Lo que deslumbra hiere y sin embargo
es la herida quien presta su sangre y su dolor
a la visión más alta: deja huellas
el paisaje exaltado
el imborrable cerco de un orbe suplicante
que no se sabe si no es visto
y no se ve si no se sabe
                Pero se va formando,
óxido de la vida, otoño de la idea,
a modo de un barniz traslúcido, dorado,
un cristal ambarino que amortigua
la desazón del ámbito que no llegó a la altura
y el excesivo resplandor de lo que la mirada no merece:
tarjeta blanca, celofán brillante,
regalos y contratos de la tierra
novedades y valles
todo más llevadero a los ojos: los años
los que atesoran son esas mieles celestes,
si al cabo del fulgor no se desiste
ni de la quemadura que abre el conocimiento.

II

Filtro del entusiasmo
al mismo tiempo dulcifica
la nostalgia de no poder tenerlo:
igual cubre el incendio de las nubes
que el temor de las aguas gélidas y profundas.

---

[1] Recibían este nombre unas láminas acarameladas de vidrio que los usos cortesanos del s. XVIII impusieron para la contemplación del paisaje, precedentes de las gafas de sol y que reciben su nombre de las atmósferas dulcificadas y cálidas de color que pintaba Claude Lorrain, Claudio Lorena. *(N. del A.)*

Lorraine Glass[4]

> *La campagne y est peinte pour des gens de cour*
> *qui veulent retrouver la cour dans leurs terres.*
> H. Taine, *Voyage en Italie*

I

What dazzles wounds and yet
it is the wound that lends its blood and grief
to the highest vision: it leaves vestiges
the exalted landscape
the indelible ring of a suppliant orb
not known if it's unseen
and not seen if it's unknown
                              But it is forming,
rust of life, autumn of the idea,
like a translucent varnish, gilded,
an amber glass that dims
the disquiet of the scope that did not perform
and the extreme splendour of what the gaze doesn't deserve:
a blank card, a brilliant cellophane,
gifts and contracts of the earth
novelties and valleys
everything more tolerable to the eyes: the years
those they hoard are heavenly honey,
if at the end one doesn't give up the shine
or the burning that opens up knowledge.

II

Filter of enthusiasm
mellows at the same time
the longing for it:
it covers the clouds' fire
or just the same the fear of icy and deep waters.

---

[4] This name derives from some toffee-coloured glass plates which the courtly fashion of the 18th century set for the contemplation of landscape—forerunners of sunglasses. They receive their name from the mellowed and warmly-coloured atmospheres which Claude Lorraine painted. *(Author's note.)*

Sale del corazón
de la tierra, se asocia
a la fidelidad de lo geométrico
un número asignado a su conformación
que nadie puede descifrar, lo máximo
contar para asociar con sus otros misterios.
Buscar abajo lo que nos permita
mirar al cielo sin afán,
contemplar la dureza que alarga el pensamiento…
y en la contemplación de opuestos símbolos.
Quedan las estaciones
por sus señas marcadas,
pero los atributos ya no muestran
ese exceso ejemplar que ilustraba al que aprende
pues todo se convierte en evidencia
a cambio del olvido de su causa y proceso.
Si se quiebra —materia delicada— perdura todavía
como un gesto aprendido
cual un útil perfecto que en su función se agota.
Su fractura violenta
(imposible juntar lo que solo fue unido)
no hace sino insistir en su eficacia.

III

La piedra más perfecta, más antigua,
es para ti, Señora:
pulida reaparezca en los sembrados,
retirada la nieve.

It comes out of the earth's
core, connects
with the fidelity of the geometric
a number assigned to its conformation
which no one can decipher, at best
count it so it's linked with other mysteries.
To seek below what allows us
to look at the sky effortlessly,
to ponder the hardness that expands thought…
and in the contemplation of opposed symbols.
Seasons are marked
by their signs,
but their attributes no longer show
that exemplary excess which enlightened the learner
as everything turns into evidence
in exchange for the oblivion of their case and action.
If it breaks—fragile matter—it will still last
as a learned gesture
like a perfect tool that is spent through its function.
Its violent fracture
(impossible to join what was merely bonded)
only insists on its efficacy.

III

The most perfect, most ancient stone
is for you, my Lady:
may it reappear polished in the sown fields,
once snow melts.

Cristal de Bohemia[2]

Assez vu
A. Rimbaud

I

En el fondo del ojo el pasado se agrieta,
dormita como un pez no del todo real.

Ya basta con lo visto para iniciar un gesto
de viaje.
          En el trayecto algo —si no nuevo—
refrescará los párpados.
Volverá la pobreza de imágenes a tiempo
con el asentimiento de las nubes,
pobreza no por mengua:
por acumulación de escasa fantasía.

Y no podemos ir al polo norte
sin ahogar la mirada en un reclamo,
sin caer en la trampa
de un código aprendido.
Quien dice «polo norte» tanto dice
estrella como charca, recóndito o cercano.
Imaginar por su rumor las villas,
por un perfume montaraz las plazas
que sabes que existían porque las deseaste.
Demasiado lo visto para no recordarlo.

II

Los elegidos para moradores
de los campos abiertos
donde la tierra es
mantel del holocausto

---

[2] El cristal de bohemia es el falso topacio o cuarzo teñido de su color: la fragilidad de su materia y su rango de algo callado y mineral justifican el título y su empleo. *(N. del A.)*

Bohemian Glass[5]

Assez vu
A. Rimbaud

I

In the eye's fundus the past cracks,
dozes like a fish not completely real.

We have seen enough to start a travelling
gesture.
        On the journey something—if not new—
will refresh the eyelids.
The poverty of images in time will return
with the consent of the clouds,
poverty not due to decrease:
rather to accumulation of scant fantasy.

And we cannot go to the north pole
without burying our gaze in a lure,
without falling into the trap
of a learnt code.
Whoever says 'north pole' says both
a star and a pool, remote or near.
Imagining the hamlets by their sound,
by a crude perfume the squares
you know existed because you dreamt them.
We can't forget—we have seen too much.

II

We, chosen as dwellers
of the open fields
where the land is
a covering of the holocaust,

---

[5] Bohemian glass is the false topaz or quartz stained with its colour: The fragility of the material and its rather subdued and mineral quality justify the poem's title and its usage. *(Author's note.)*

expuestos siempre estamos
a ser marcados por el rayo
a recibir estigmas de lo oscuro
por el reflejo de la propia fe:
que no es materia de visión aquello
que construye el deseo
como un pesado espejo que nos cierra el camino.

Herrumbre o polvo viejo
habrán de interponerse
entre la adoración y el oferente
(de lo contrario víctimas seremos
y no sus portadores).

Un vuelo de piedad
dispón ante la ofrenda,
oculta la pasión
tras la mampara tibia,
bajo el palio traslúcido,
mientras los ojos sean
aún crisálidas tiernas,
carne incierta que no ha de alimentarse
sino de oblicuos rayos
de claridad y sombra.

III

Lo que no dura, aquel objeto subalterno
se hace mostrar, se oculta
lo menos transitorio: es la burla continua que mantiene
despierta la pupila, tenso el arco.

are always exposed
to be marked by the ray
to receive stigmata from darkness
through the reflection of our own faith:
it is not a matter of vision that
which desire constructs
like a heavy mirror blocking our path.

Rust or old dust
will surely stand
between adoration and the offerer
(or else we'll be the victims
and not its bearers).

Arrange a flight of piety
before the offering,
conceal your passion
behind the lukewarm screen,
beneath the translucent canopy,
while the eyes may
still be young chrysalides,
uncertain flesh which must not be fed
but with oblique rays
of clarity and shadow.

III

What does not endure, that subordinate object
becomes shown, the least transitory
is hidden: it is the infinite jest that keeps
the pupil awake, the bow tense.

de

POEMAS SUELTOS

(1995)

from

Uncollected Poems

(1995)

Parábola

El hombre fue: Por nada
preguntó. A darle cuenta
de que estaban con él —en pro y en contra—
en calidad, por siempre, de compaña,
acudieron las cosas.
                    Después tuvo
la nunca concertada visita de la muerte
ante su puerta atónita.
En revancha,
el hombre creó a Dios: Pregunta sin respuesta.

(30 de noviembre, 1964)

§

Amiga te contemplo mientras suena
lusi indescai uiz daiamons
tus dos trenzas nostálgicas
del colegio de monjas caserón
donde el amor tendiera sus acechos
en los libros de misa las señales
que te dejó en la frente varicela
te veo la boca amor acantilado
donde rompe tu voz...
y como veo también
las señales del tiempo consumido a mi lado
—la música cesó— recojo la mirada
y la vuelvo pasando por tu brazo
por tu muñeca donde son
las siete de la tarde
y la llevo hasta el cielo inanimado
que hoy amenaza lluvia.

(marzo, 1970)

Parable

Man went: He asked
about nothing. Things showed up
to let him know they were with him—
for and against—as company,
forever.
        Later on he had
the never arranged visit of death
before his astonished door.
In revenge,
man created God: a question with no reply.

(November 30, 1964)

§

Friend I gaze at you while there sounds
ˈluːsi in ðe skai wið ˈdaiəməndz
your two plaits homesick
for the large rambling convent school
where love would tend its lurking
in the missals the signs
chicken pox left on your forehead
I see your mouth, my love, a cliff
where your voice breaks...
and as I also see
the signs of consumed time at my side—
the music halted—I withdraw my gaze
and turn it covering your arm
your wrist where it is
seven in the evening
and I carry it to a lifeless sky
which threatens rain today.

(March, 1970)

Tríptico de la tristeza, de la melancolía y de la alegría

I

Sosiego: luce el élitro
bajo la piel de la manzana.

Es pulpa la tristeza, miel el dolor perdido:
tener ahora delante la fuente de aquel bosque
donde se baña la princesa y
no echar de menos su blancura, el rezo
de los enhiestos abedules
ni el cascarón de vieja que cuida de los gansos.

Luce sin resplandor justa tristeza,
larguísima tristeza que a la lejana estrella
nos une desde esta estancia en la que, sórdido,
disfrazado de espacios, el tiempo nos engaña.

II

Algo trazó unas letras: el ruido fue, ayudando
a un corazón turbado que se prolonga en dedos
sobre una caja yerta que contiene dibujos:
(   )
una reyerta entre raíces, desfiladeros tensos,
vestiduras convulsas, damas en sepia, tenebrosos
monjes, monstruosidades en madera.

No hay silencio; rememorarlo se hace
imposible: se escuchan fugas, cursos,
desbocadas señales: no, el cristal
no descansa. Y la melancolía
ahoga a través del aire que se bebe el herbario,
dueña se hace en el ámbito donde todo es ajeno

Triptych of Sadness, of Melancholy and of Happiness

I

Tranquillity: the elytron shines
under the apple peel.

Sadness is pulp, lost pain honey:
to be now before that wood's fountain
where the princess bathes and
not to miss her whiteness, the prayer
of the upright birches
nor the wrinkled old lady who tends the ganders.

A just sadness shines without brilliance,
the longest sadness that to the remote star
joins us from this room in which, sordid,
disguised with spaces, time deceives us.

II

Something traced some letters: it was noise, assisting
a confused heart that lengthens into fingers
on a rigid box containing drawings:
(   )
a brawl amid roots, tense gorges,
convulsed clothes, ladies in sepia, tenebrous
monks, timber monstrosities.

There is no silence; recalling it becomes
impossible: escapes, courses, and
runaway signs are heard: no, the glass
never rests. And melancholy
chokes the herbarium through the air he drinks,
gains control in the sphere where all is strange

III

Algunas desoladas veces
luce, débil: y lo que la sustenta
—filo de vuelo, piedra mojada en sol,
brote de primavera— vale
para representarla, de vacíos
que están los corazones desamueblados de ella.

Si no viniera a trozos
o a relámpagos, ¡Cómo
íbamos a cansarnos de repartirla! ¡Cómo
bajo su lluvia íbamos a dejar la guarida!

(¿1978?)

Desde «la atalaya», con un libro de Wordsworth sobre la mecedora

Esa guirnalda de montañas, una
línea tras otra azul: el sol desplaza
su caída. El hedor del perro muerto
turbó la limpidez que a esta ladera
la fama otorga, junto a la piscina
donde fermentará el último otoño.

Decir «otoño» cuando el pueblo
desciende con narcisos de insultante frescura,
oro en el mar sonando cuando risas
esmaltan las praderas que reviven. Nosotros,
anfitrión e invitado; tocados en el ala,
cerramos los postigos, arreglando
las huellas de dos lobos en el chalé.
                              Los vasos
sin lavar, regresamos
entre dos luces, hartos

III

Some desolate times
it shines, weakly: and what maintains it—
edge of flight, stone moist with sun,
Spring shoot—is good
to represent it, so empty
are the hearts unfurnished with it.

If it were not to come in bits
or in bolts of lightning, How
were we to tire of sharing it! How
under its rain were we going to leave our hideout!

(1978?)

From 'The Watchtower,' with a Book by Wordsworth in the Rocking Chair

That mountain garland, just a
line behind a blue line: the sun shunts
its fall. The stench of the dead dog
disturbed the cleanness which fame
awarded to this hillside, by the swimming pool
where the last Autumn will ferment.

To say 'Autumn' when the townsfolk
descend with daffodils of insulting freshness,
gold in the sea sounding when laughter
glazes the renewing meadows. We,
host and guest, touched on the wing,
close the shutters, fixing
the tracks of two wolves in the cottage.
                                    The glasses
unwashed, we return
at dusk, tired

y atónitos de ver cómo los azulejos
se caen; los pabellones se agrietan, cómo una
sombra espesa se traga los jardines,
viene del bosque: es nuestro
luto por el cadáver; por no saber si fuimos
los asesinos mientras, admirando
el descenso del sol, volábamos, volábamos.

(marzo, 1982)

§

He metido las manos en el fuego
por saber si era cierto su suplicio
y supe —el si era o no lo supe luego—
que el saber esperar ya no es mi oficio.

Y lo es desesperar, quiera o no quiera,
y es el seguir no hallándote en lo oscuro
de esto que llaman llanto por ahí fuera
y yo de que es mi vida estoy seguro.

Y aunque tu mano tarda, a mí me duele
como si no llegara nunca. Ahora
me entretengo en trenzar melancolía.

Después vendrá la pena como suele
venir: para avisarme que es su hora;
y el estar solo a hacerme compañía.

(enero, 1962)

§

and amazed with seeing how the tiles
are falling, the summerhouses crack, how a
dense shadow engulfs the gardens,
coming from the woods: it is our
mourning for the corpse, for not knowing if we were
the murderers while, admiring
the sunset, we were flying, flying.

(March, 1982)

§

I put my hands into the fire
to know if its torture was real
and I learned—whether real or not, I learned later—
that waiting is no longer my job.

Yet despairing is, like it or not,
as is still not finding you in the darkness
of this so-called moaning out there
and I am sure that is my life.

And though your hand is delayed,
I am hurt as if it never arrived. Now
I amuse myself plaiting melancholy.

Later pain will come as it usually
does: to warn me that it is its time;
And my being alone will keep me company.

(January, 1962)

§

Morir soñando, sí, mas si se sueña
Ilusión es la muerte, fe la vida,
Guerra la paz; y si la paz se olvida
El tiempo al fin de eternidad se adueña.
La desgana de ayer ¿qué nos enseña
Deshaciéndose en hoy? Abierta herida
El empeño de hacer que la aprendida
Ventana dé al vacío que se sueña.
No se matan los sueños con la muerte.
¿A qué representarla con tal ceño?
Morir es aprender lo ya sabido,
Vivir la vida no es negar la suerte.
No sabemos, Miguel, si es que te has ido
O sigues con nosotros en el sueño.

(1986)

§

2.000 light years from home
THE ROLLING STONES

Náyade imperceptible emerges poco antes
del desayuno en sueños imposible
de guardar en las páginas del libro
de cabecera
           Sota de la baraja rota
en la que mato el tiempo haciendo solitarios
gritando soliloquios trazando planetarios
viajes para los dos en un metro cuadrado

Nereida suburbana flor entre los escombros
sé de sobra el color que no tienen tus ojos
sé de sobra el sabor que tiene la presencia

To die dreaming, surely, but if one drea**m**s
death **i**s an illusion, life is faith,
and peace war; and if peace is for**g**otten
tim**e** will finally dominate eternity.
Yesterday's re**l**uctance, what does it teach us
dissolving into to**d**ay? An open wound
th**e** effort of making the learned
window open on a dreamed **v**oid.
You ca**n**'t kill dreams with death.
Why depict it with such **a** frown?
To die is to learn what you already co**m**prehended,
to li**v**e one's life doesn't mean to deny fate.
We d**o**n't know, Miguel, if you're gone
or you're still with us in dreams.[6]

(1986)

§

2,000 light years from home
The Rolling Stones

Imperceptible naiad you emerge just before
breakfast in dreams, impossible
to keep in the pages of one's bedtime
reading
      Jack of the broken deck
in which I kill time playing solitaire
shouting soliloquies devising planetary
journeys for us both in three square feet

Nereid, suburban flower amid debris
I know too well the colour your eyes are devoid of
I know too well the taste the presence

---

[6] Rather than attempt to rewrite this poem to accommodate its Spanish acrostic MIGELDEVNAMVNO, we have used typography (bold type) at least to draw attention to it. We are fully aware that this does not fulfil the requirements of the acrostic form, but it seems to us preferable to producing a distorted paraphrase or something even worse. *(Translators' note.)*

de dos guardias civiles en cualquier estación
y fauno ciudadano sigo y sigo tu pista
y la pierdo en un charco de luces de... mercurio
o en una mala esquina que da a ninguna parte

En un astro lejano a dos mil años luz
hay dos platos dos velas y champán para dos

No sé cómo decírtelo dónde se meten las
cosas que ya te iba a decir y no digo...
... aunque de todos modos es igual:
he olvidado el camino
y el champán bostezando —no llegamos— explota
y las velas ya queman el mantel y los platos
—ya platillos volantes— cansados de esperarnos
se han largado y han vuelto
cada uno por su lado a su antigua alacena.

(enero, 1971)

No solamente en Broadway
(Carta a J. R. J.)

Mínima aldea de muertos olvidada
sino por ti y por mí colgados de los árboles
—cipreses, claro—
con los ojos muy abiertos
entre terribles rascacielos entre
el sueño de los vivos
y el sueño de los muertos
que no se encontrarán: dos paralelas...

Entre todos los tráfagos de todas
esas actividades te fijaste en el viento
que barre de las tumbas agrietadas la nieve

of two Civil Guards has at any train station
and, a city faun, I follow and follow your trail
and I lose it in a puddle of lights of… quicksilver
or in a bad corner facing nowhere

On a remote star two thousand light years away
there are two plates two candles and champagne for two

I don't know how to tell you where are concealed
the things I was ready to tell you about but I don't…
…although it's all the same anyhow:
I have forgotten the route
and the yawning champagne—we won't arrive—explodes
and the candles are now burning the tablecloth and the plates—
now flying saucers—tired of waiting for us
have cleared off and have returned
each its separate way to its old larder.

(January, 1971)

Not Only on Broadway
(Letter to J.R.J.)

Tiny village of the dead, forgotten
but by you and I up the trees—
cypresses, of course—
with our eyes wide open
among horrible skyscrapers among
the dream of the living
and the dream of the dead,
which will never meet: two parallels…

Amid all the hustle and bustle of all
these activities you noticed the wind
that sweeps the snow off the cracked tombs

Prosiguen sin embargo
las cuatro tapias concurridas fuera:
la tapia del taxímetro
la del paso elevado
las del tranvía y el metro con su escolta
de dorados & Cé mientras la alquimia
de las losas y el polvo contemplamos:
pobre pozo de muertos con campanas ahogadas
por los timbres burócratas
las bocinas silbatos y las excavadoras

Y aquí sí que no creo —se ha estrechado
el nudo desde entonces,
1916, bastante—
que valiera la pena como tú lo creíste
la escasa yerba y la flor roja
única que brotaban y de cuya hermosura
infinita quedaba, según tú,
la ciudad viva desterrada:
      el tiempo
ha venido a decírmelo y mi soga,
por más nueva, aún resiste.

(1973)

A A. en una esquina

Aquí, al volver el sol, han confluido
mi sangre con tu sangre de noviembre:
verde seco es vasija de otro verde
seco que abarca toda la costumbre
de renacer —cenizas son
los días diecinueve y cada noche
en que Saturno manda en las estrellas—

There remain however
the four crowded walls outside:
the wall of the taximeter
that of the fly-over
those of the tram and the tube with its escort
of gilts & Co. while we watch the alchemy
of the tombstones and the dust:
poor well of the dead with bells choked
by the bureaucratic tolls
the car horns whistles and excavators

And here I surely don't think—the knot
has tightened since then,
1916, quite much—
that it was worth it as you thought so
the scarce grass and the unique red
flower that sprout and of whose infinite
beauty remained, according to you,
the exiled living city :
                              time
has finally told me so, and my rope,
since it's newer, still resists.

(1973)

To A. at a Corner

Here, when the sun returns, my blood
and your November blood have merged:
dry green is vessel for another dry
green that embraces the whole routine
of rebirth—ashes are
the nineteenth of every month and every night
on which Saturn commands the stars—

No hay lugar para ti y para mí juntos
en esta ciudad rota en la que somos
tú y yo, no lo mejor de cada uno
sino tú y yo. No hay sitio.
                          Hay una esquina
que, aunque lugar de citas imposibles,
es el único punto que nos queda
para que la belleza del encuentro
y el dolor consecuente a la belleza
dignifiquen al menos nuestra ausencia.

(noviembre, 1974)

Ángel en tres lugares

Espera en aquel banco
que llegue hasta ella un ángel
                          —Soy el único
(y no soy de este mundo)
que se sienta a su lado y no pregunta nada—.

Vuelve y ya no está ella:
y le hace reverencias a su ausencia brillante.

Inútil merodeo de la palabra
para exaltar la música

I

Sílaba, pulsación, la deseada
huella del arco en el cordaje,
vibran, se alojan, vuelan
en el espejo (pentagrama, página)
a través de la bruma o el destello
que transmiten revuelos en busca de corrientes

There is no place for you and me together
in this broken city in which we are
you and I, not the best of each one
but you and I. There is no room.
                                    There is a corner
that, although a place for impossible meetings,
is the only spot left for us
so that the beauty of the encounter
and the grief following that beauty
may at least dignify our absence.

(November, 1974)

An Angel in Three Places

She waits on that bench
for an angel to come to her—
                                  I am the only one
(and I am not of this world)
who sits alongside her and asks no questions.

He returns but she's no longer there:
and he bows to her bright absence.

Vain Prowling of the Word to Exalt the Music

I

Syllable, throb, the longed for
trace of the bow on the strings
vibrate, lodge, fly
in the mirror (stave, page)
through the mist or the sparkle
sent by stirrings in search of currents

para continuar, de llamaradas
para así consumirse: son los sones:
restituyen un cuerpo de armonía
donde las alimañas que engendrara
por lo menesteroso la belleza
devoraban el tiempo caído, derrotado
guiñapo de silencios, sucio montón de ruidos.

II

Cuando el cantor desciende a los infiernos
en busca de su lira, el instrumento donde
la mansedumbre residía,
ecos le dan valor junto al abismo
para buscar: la música
mana de los deseos y en ellos desemboca;
pero más alta si rozó las cumbres,
si emerge de lo oscuro más profunda.

III

Así, desde las nubes y desde las honduras,
tañedor de laúd o zanfonía,
accede entre los hombres, los latidos
de la ciudad escucha, la medida
que el misterio declara en sus pisadas
por sembrados y yermos: y esos pasos
en delicado espejo se devuelven,
ya hechos música, al ámbito;
a la luz, ya con forma, de donde provinieron.

IV

La frase es melodía, la melodía
es insatisfacción: ola que rompe
una vez y otra vez contra la nada
y resuena: los ecos de otro mundo,
el ritmo de otros corazones:
sonido inexpresable si no es medido, atado
al número, a la cifra que extingue el fuego para

to continue, of flare-ups
to be thus consumed: they are sounds:
they restore a body's harmony
where needy vermin
conceived by beauty
devoured fallen time—shabby
shreds of silences, filthy pile of noises.

II

When the singer descends to hell
in search of his lyre, the instrument
in which gentleness resided,
echoes give him courage beside the abyss
to search: music
springs from desires and leads to them;
but higher if it brushed the peaks,
deeper if it emerges from darkness.

III

So, from the clouds and from the depths,
a strummer of lute or hurdy-gurdy
gains access among men, listens to
the throbs of the city, the measure
which mystery attests in its footsteps
across sown fields and wastelands: and those steps
in a fragile mirror are returned,
turned into music, to the field;
to the light, now shaped, from where they came.

IV

The sentence is melody, melody
is dissatisfaction; a wave that breaks
now and again against nothingness
and resounds; the echoes of another world,
the rhythm of other hearts;
unutterable sound if it's not measured, attached
to number, to the number that extinguishes the fire to

decir cómo era el fuego y cierra el aire
para nombrarlo en su más libre flujo.

V

Ábranse más allá del horizonte
las puertas de la música, discurran
en su honor las palabras: por aquello
que las exalta desde arriba
no solo, o desde abajo, sino desde
todas las direcciones y los límites,
pues en su dimensión crecen, decrecen,
se extinguen, surgen: son.

(1979)

A unos ojos miopes

No sino desmesura es la belleza:
solo descuella entre lo que ilumina
aquel alba que rompe los sentidos
hechos a ver el sol nacer como otros días
o entre matices harto
difíciles de ver tras de buscarlos
su calidad de insólitos.
                        No el mar
Solo la calma o la galerna el mar
embravecido a medias
nítidamente como
la vista declinante de tus ojos sin fin
lejos de otros cualquiera.

(septiembre, 1981)

say how the fire was and closes the air
to name it in its freest flow.

V

May the gates of music
open beyond the horizon, let words
pass in their honour: for that
which exalts them not only
from above or from below, but from
all directions and boundaries,
since in its dimension they grow, decrease,
are extinguished, rise up: are.

(1979)

To Some Short-Sighted Eyes

Beauty is nothing but excess:
it only stands out among what illuminates
that dawn which ruptures the senses
used to seeing the sun rising like other days
or among nuances rather
difficult to be seen after seeking in them
an unusual quality.
                        Not the sea
Only stillness or the strong north wind
the half-tempestuous sea
clearly like
the diminishing gaze of your endless eyes
far from any others.

(September, 1981)

Los deseos de Pilar

I

Mira de los tres ríos
ese nudo que forman confundiendo
aguas y nombres y depón la pértiga
de la barca en las jambas de la puerta arruinada.
Habrá nacido —dime— amarga hiedra
o trepadora correhuela
por los muros. Quién fuera
capaz de sostener al hacha y —ya ofreciendo
este sudor urbano a las aguas sagradas
o al viento que hace hablar a los álamos blancos—
tallar la viga firme, el puntal rezumante
para iniciar la obra.
                    Dime dónde
hubiéramos hallado barro bueno
para hacer los adobes. Necesito
la imagen del corral, una fotografía
de las viñas perdidas, una leyenda —aun breve—
sobre el poblado antiguo.
                    No haya nunca
tareas sin horizonte, ni entre los dos, palabras
de desaliento. Álzanse —
no solo trigos— muros en la isla
de la casa invisible que tu solo deseo
levantó.
        Una bandada
de palomas lo dijo,
lo escribió con reflejos irisados
sobre el cristal del dulce regadío.

II

Di si a tu corazón abarrotado
responden los vilanos tras el deseo y el soplo.
Mira si están ahí de cualquier forma
dispuestos por los prados en número cualquiera,

Pilar's Wishes

I

Look at those three rivers,
at the knot they become mixing
waters and names, then drop the pole
of the boat on the jambs of the wrecked door.
Surely there sprouted—tell me—bitter ivy
or climbing bindweed
along the walls. Who could
hold the axe and—either offering
this urban sweat to the sacred waters
or to the wind that makes the white poplars speak—
carve the stout beam, the oozing prop
to initiate the building work.
                              Tell me where
we would have found good mud
to make the adobes. I need
an image of the farmyard, a photograph
of the lost vines, a legend—however brief—
about the ancient settlement.
                              There may never be
tasks with no horizon, nor between us both, words
of discouragement. There rise—
not only wheat—walls on the island
of the invisible house which your sole desire
put up.
      A flock
of pigeons said so,
wrote it with iridescent reflections
on the glass of the sweet irrigation.

II

Say if the seed-heads respond
to your jammed heart after wishes and blowing.
See if they are all around any old way
spread through the meadows in any number,

inertes entre agosto los que quedan, distinta
su configuración a las constelaciones
todas, aun disponibles
los infinitos puntos de vista. Necesito
que arranques uno o que lo caces
al vuelo y, si no sabes
un conjuro, es igual: sóplalo y pide
lo imposible. Sabré por lo que digas
cuando levantes el teléfono
si se ha cumplido tu demanda, aunque
me imagino que no ha de ser rotunda,
tímida como sigues, medio escondida aún
detrás del chopo aquel
de cuando tú querías ser bailarina. Pide
—¿será lo que hayas hecho?— ser bailarina: tiempo
tienes.
      Yo sé que aunque te pesen
tanto veneno y golpe sobre tu cuerpo —tantas
veces compuesto y astillado—
hemos de verlo grácil, volador,
danzar sobre las penas sobre el estrado, puestas
a tus pies como pétalos.
              Caza, caza un vilano,
agarra al vuelo un diente de león.

(agosto, 1984)

Nacimiento de Venus

      Diosa
si el filo de la espuma está conforme
con el diseño de tus labios,
tu sonrisa repite lo levísimo
del azul que te dio vida perenne
      pero
no eres hija del cielo ni del azul siquiera

inert those remaining amid August, their
layout different from all the
constellations, even if available
infinite points of view. I need
you to pluck one or to catch it
in flight and, if you know
no spells, never mind: blow it and wish
for the impossible. I will know by what you say
when you pick up the phone
if your request has been fulfilled, though
I figure it must not be completely so,
timid as you still are, half-hidden
behind that black poplar
of back then when you wanted to be a ballerina. Wish—
is that what you did?—to be a ballerina: you have
time.
     I know that although you bear
so much poison and blows on your body—so many
times repaired and splintered—
we are to see it graceful, flying,
dancing on the stage, treading on pains placed
at your feet like petals.
                     Catch, catch a thistledown,
grab a dandelion in flight.

(August, 1984)

The Birth of Venus

      Goddess
if the edge of froth is happy
with the design of your lips,
your smile repeats the lightness
of the blue that gave you eternal life
    but
you are not a daughter of heaven or even the blue

que el cielo presta al mar; eres espuma
y todas las palabras de amor se desvanecen
en ondas que entrelazan el engaño
         de agua.

the sea borrows from heaven; you are froth
and all the words of love vanish
into waves that interweave the deception
 of water.

de

CARTAPACIOS

[1961-1973] (2007)

from

FOLDERS

[1961-73] (2007)

5

A Miguel Hernández

Miguel Hernández, alto compañero,
yo te he escuchado cuando ya habías muerto.
¿Será que estabas en el dulce huerto
de mi amargor temprano y agorero?

Arcángel eres de mirada triste,
de un campo huraño que rasgó tus mieras.
Tu voz sería amarrada si no fueras
ya un arcángel que quedas y te fuiste.

En cada primavera me renaces;
llenas todas las fuentes: en el nicho
solo quedó la tinta... y el papel.

Campesino tronchado que no yaces,
¿qué te voy a decir que no hayas dicho?,
Miguel Hernández, barro, aunque Miguel.

(12 XII 1961)

7

No temas, corazón, pierde cuidado
que no te he de dejar sin alimento.
Si no me olvidé —quizá fue un mal momento
o una nube de estío que ha pasado—

de darte a devorar mi desaliento
con desazón, ya sé, bien sazonado,
no vayas a creer que me he olvidado
de ti. Perdóname ¡cuánto lo siento!

Cuánto, lo siento sí, cuánto me duele
que tengas por costumbre y por destino
mantenerte del aire... que me ahoga.

5

To Miguel Hernández

Miguel Hernández, eminent companion,
I've heard you, though you were dead.
Is it that you were in the sweet orchard
of my early and ominous bitterness?

You are an archangel with a sad gaze,
from a hostile territory that tore your juniper oil.
Your voice would be moored if you were not
already an archangel who stays and went away.

Every spring you are reborn for me;
you fill all the fountains: in the niche
only the ink remains... and the paper.

Broken peasant who won't lie down.
What could I say you didn't say before?
Miguel Hernández, clay, although Miguel.

(12 December 1961)

7

Don't fear, heart, don't worry
for I won't leave you unfed.
If I did not forget—perhaps it was a bad moment
or a summer cloud now gone—

to let you devour my dismay
with despair, well seasoned, I know,
don't think now I have forgotten
you. Forgive me! How sorry I am!

How much indeed, how much it hurts me
that your way and your fate
are to live off air... that kills me.

Pero esto se acabó, que ya se muele
un presagio de pan en el molino
y la piedra no quiere ya una soga.

(4 de mayo de 1964)

9

(a la muchacha de la chaqueta azul marino)

Era ayer

las sirenas
de cuatro carruseles de la noria
pero allí no zarpaba ningún barco
ni amarraban las nubes creo que rosas
en ese horizonte
por donde están el lago
y la orilla de uno de mis sueños.
No, pero las casetas están tristes
del lado de las tapias
y el carrusel azul se ha mareado
de espejos y de vueltas.
Ayer cuando era niño
me daba mucho miedo de las olas eléctricas.
Pero ayer te marchaste
(te acababa de ver
en la caseta
del dragón infernal junto al tren brujo).
Yo miraba un paisaje
pintado estoy seguro con pintura barata
por el hijo del dueño
en el salón de tiro
el segundo
por orden de muñecas
tristes entre los tarros de aceitunas.

Yo miraba el paisaje
era ayer

But that's over now; a presage of bread
is being ground in the mill
and the stone needs no rope anymore.

(May 4th, 1964)

9

(to the girl with the navy blue jacket)

It Was Yesterday

the mermaids
on four merry-go-rounds, on the Ferris wheel
yet no boat set sail there
nor did the pink, I think, clouds moor
on that horizon
where there are the lake
and the shore of one of my dreams.
No, but the booths are sad
alongside the walls
and the blue merry-go-round is dizzy
due to mirrors and turns.
Yesterday when I was a child
I was deeply afraid of the electric waves.
But yesterday you went away
(I had just seen you
in the booth
of the hellish dragon beside the ghost train).
I was looking at a landscape
surely painted with cheap paint
by the owner's son
in the shooting gallery
the second
in order of the dolls
sad among the olive jars.

I was looking at the landscape
it was yesterday

de verdad que yo quise llevarte por el camino
                    aquel de aquel paisaje.
Aún fue un poco después
de la canción que hablaba
de un retrato y de amor
allí en el tocadiscos de la Noria Ideal
en donde estabas tú más cerca de la luna
que yo.

Un poco antes de que te fueras a cenar
definitivamente
y de que le contara las velas amarillas
al barco
de las bolas de anís.

(¿1963? ¿1964?)

      11

Además de tu ausencia tengo ahora
bajada la persiana de mi cuarto:
—hace calor, ya sabes: ayer también lo hizo—
los zapatos quitados, la camisa
en la silla (es la hora de la siesta).
Tengo puesta la radio en tono bajo...
Y, así, matando el tiempo en la calima
de esta tarde de agosto, te doy cuenta
de mi reciente soledad cociéndose
en horno de silencio.
                    Como único
importante suceso del momento
presente
me parece notable el que me esté fumando
el último cigarro del paquete
que ayer compré contigo cuando estabas
ya en el borde de irte (los pañuelos
enseguida serían dos banderas
de náufrago en el tren y los andenes)
Y aquí estoy, recordando,

I really wanted to take you along the road
                           in that landscape.
And it was a little after
that song about
a portrait and love
from the record player of the Ideal Ferris Wheel
where you were nearer the moon
than I was.

A little before you left for supper
definitely
and before I counted the yellow sails
from the boat
with the aniseed-flavoured sweets.

(1963? 1964?)

11

As well as your absence I now have
the blind of my room lowered:
—it's hot, you know: yesterday was too—
my shoes off, my shirt
on the chair (it's siesta time).
I have the radio on low…
And so, killing time in the mist
of this August afternoon, I tell you
about my recent solitude cooking
in an oven of silence.
                    As the single
important event of the present
moment
it seems to me noteworthy that I'm smoking
the last cigarette from the packet
I bought yesterday with you when you were
about to depart (the handkerchiefs
would soon be two castaway
flags on the train and the platforms)
And here I am, remembering,

volviendo a darle cuerda al repertorio
de las huellas de ti, de los despojos
del naufragio de ayer.   Sobre la mesa
al menos
sobrenadan tus señas
para darte noticias de una espiga
desterrada...
              Post data: escribe pronto.

(agosto de 1965)

   14

   Epílogo

Amiga: contra todo pronóstico de calma
a pesar del dorado vaticinio
del nido más alto de las nubes
no habrá para mi brazo
más remedio que el uso de palanca
una más al servicio de la lenta
soterrada labor de cuartear la tapia.

No quedará amputado en el oficio
de clavarse en tu talle abandonado
apuntalar el sueño o de fingirse
una viga cualquiera en la techumbre
de cualquier primavera cuando hay tanta
convexa lucha que someter al puño
tanta y cuánta materia de combate
dispuesta a ser abrazo:
que no hay vuelta de hoja
para entregar las manos
alzarlas de antemano para que tú te acerques
y me esposes con toda una madeja
de lana confortable en la butaca.

(primavera de 1968)

once again mulling over the repertory
of your tracks, of the hulk
of yesterday's shipwreck.
                        On the table
at least
your address floats
to send you news of an outcast
ear of wheat…
                    Post script: write soon.

(August, 1965)

14

Epilogue

Girl friend: against all predictions of calm
despite the gilt omen
of the clouds' highest nest
there will be for my arm
no other choice but using a lever
one more at the service of the slow
hidden task of cracking the wall.

It won't become amputated in the function
of sticking in your abandoned waist
of propping up sleep or imagining
any given beam in the roof
of any Spring when there is so much
convex conflict to submit to the fist
so very much stuff of combat
willing to be a hug;
there is no way around it—
to deliver my hands
raise them beforehand so you can come closer
and handcuff me with a whole skein
of comfortable wool on the armchair.

(Spring, 1968)

15

Soneto

Espera y huele el hueco que dejamos,
bella mujer, el hueco entre las flores
y los escombros. Rumia —y no, no llores—
la nueva agridulzura de tus manos.

Unidos la espesura que aplastamos
despedimos gozosos, inventores
de un lecho y de un lecho destructores
en el cruce feliz en que encontramos

—no niños ñoños ya, niños hartos
de ser comodiosmanda— nuestras ganas
y la facilidad de desquitarnos.

Unidos alejamos los infartos
y mordimos los dos blandas manzanas
de tentación... ¡Comamos hasta hartarnos!

(enero de 1970)

19

Hoy he vuelto a pasar...

Atravesé el eczema de los bordes
de la ciudad seguí la carretera
de aquella vez aquella
y en el lugar en el que nos tiznamos
las ropas con la hierba confundiendo
salivas descubriendo
insólitos sabores no sabíamos
si nuestros o de abril
allí mismo un envase inoportuno había
impúdica y fielmente mostrándome la marca
registrada. Socorro

15

Sonnet

Wait and smell the space we're leaving,
beautiful woman, the space between the flowers
and the rubble. Ponder—but don't you cry—
the new bitter-sweetness of your hands.

We happily bid farewell
to the thicket we crush, innovators
of a bed and destroyers of a bed
at the rosy crossroads where we find—

no longer spineless children, but fed up
with behaving properly—our wish
and the ease of getting even.

United we kept heart attacks away
and we both chewed two smooth apples
of temptation… Let's gorge ourselves!

(January, 1970)

19

I have passed by again today…

I crossed the eczema of the city's
margins I followed the road
of that time, that
and in the place where we got
our clothes stained with grass mixing
our saliva discovering
unusual flavours we didn't know
if ours or April's
there was right there an untimely bottle
shamelessly and faithfully displaying its registered
trademark. Help

gritaba un grillo cerca. Yo socorro
repito.
     Hoy he vuelto
a transitar el borde de la vía
donde habitan tarántulas —¿te acuerdas?—
donde hoy basuras incorruptas
de la ciudad acechan al viandante
que va a cazar recuerdos.
Desde allí —que antes no— hoy se distingue
la nave de uralita
de una triste fábrica
de huecos de ascensor.

(abril de 1971)

    30

«La cara al vent»
   Raimon

(A J. M. U. que se fue)

Como quien corta el árbol más querido
y tira el equipaje por la borda,
precipita la casa —abandonado
sedimento de amor— por la ventana,
traga saliva, almuerza
ausencia de su mesa,
tropieza en la cuchara realquilada
para morder el polvo al rojo vivo,
así te fuiste
         Quedan a la vuelta
de la esquina febril —y no tan lejos—
aquella colección de minerales,
el cigarro encharcado de rubor
la colegial ternura de las trenzas perdidas.

«Por cuántos renunciamos
a hablar del arco iris» nos decías

shouted a nearby cricket. Help
I repeated.
                Today I have walked
again by the thoroughfare
where tarantulas dwell—remember?—
where today incorrupt rubbish
from the city lurks the passer-by
out to hunt memories.
From there—not before—one makes out today
the asbestos warehouse
of a dismal factory
of lift shafts.

(April, 1971)

30

'Face to the wind'
    RAIMON

(To J.M.U., now departed)

As someone who fells the most loved tree
and throws his luggage overboard,
hurls down his house—an abandoned
sediment of love—through the window,
gulps, lunches
on the absence from his table,
stumbles over his sublet spoon
to bite the red-hot dust,
thus you departed
                There remain around
the feverish corner—and not so far—
that collection of minerals,
the cigarette flooded with flush
the school tenderness of lost plaits.

'So many people kept us
from speaking of the rainbow' you told us

a la hora de asumir
la nebulosa piedra,
la columna del escarnio aprendido
(flagelados juguetes que dejaste dormidos)
para aceptar el polvo contra el pétalo
para ascender tu pulso
a ritmo de verdad
LA CARA AL VIENTO
                donde podrida
y quedamos aquí
la semilla frutal de tanta lucha
por sembrar en las manos.

Aquí creciendo el muro, desde siempre
y la ventana, aquí, donde veíamos
dormida Salamanca y un bostezo
atado al horizonte.

A veces recordamos tu adiós
tu escalón decidido y da vergüenza
vernos aquí acunados
arrullados de miedo;
cuando tú, mientras, andas
      o
—Lázaro de ti mismo—
pides cuentas del aire que respiras
desanudas tu miedo
y a tientas
abrazas tu orfandad

           y sigues
(Cuando has jugado ya tu última baza
y luchas, ahora cerca, por el alba)

(septiembre de 1966)

at the time of assuming
the nebulous stone,
the column of ridicule learnt
(flagellated toys you left asleep)
to accept the dust against the petal
to raise your pulse
to the rhythm of truth
FACE TO THE WIND
                         where rotten
and we stayed here
the fruitful seed of so much fighting
yet to be sown in our hands.

The wall always growing here
and the window here, where we'd see
Salamanca asleep and a yawn
tied to the horizon.

Sometimes we recall your farewell
your determined doorstep and it's embarrassing
to find ourselves here rocked
lulled with fear;
when you, meanwhile, walk
    or—
a Lazarus of yourself—
ask about the air you breathe
unknot your fear
and blindly
embrace your orphanage

                     and continue
(When you have already played your last card
and fight, close now, for dawn)

(September, 1966)

33

No tiene más que enviar este cupón
ud. que ya conoce las enormes ventajas
de esta fibra textil que facilita
la vida en sociedad con sus discretos
tonos su inconfundible caricia olvídese
y despreocúpese
adopte desde hoy añada desde ahora
a su buena costumbre de lavarse los dientes
a la ración de gambas puntual este nuevo
producto inmunizante basta una aplicación
y desentiéndase
solicite sin gastos ni compromisos el
folleto ilustrado conteniendo un resumen
de nuestro nuevo método de fácil
uso individual la cabalgata
de las walkirias en sus ratos libres
despreocúpese
sin moverse de su casa puede ahora
decidir el futuro de la guerra del este
el rápido incremento del turismo en la costa
la extensión uniforme sin molestias
de la ley de orden público o descanso
y desentiéndase
la más sensacional oferta jamás vista:
soldados y efectivos militares
de todo el mundo libre tanques jeeps
en materias lavable e instructivo
para sus hijos lea
las bases del concurso
y despreocúpese
consulte con su médico proteja
su honor de los agentes subversivos
con el nuevo producto ininflamable
que perfuma el ambiente distinguido
desentiéndase

No deje de enviar este cupón hoy mismo
el resto ya no corre de su cuenta
descanse en su butaca y despreocúpese.

(octubre del 68)

33

You need do no more than send this coupon
you, who already know the huge
advantages of this textile fibre which makes
life in society easier with its sober
tones its unmistakable caress, forget about it
and don't worry
adopt from today on add from now on
to the healthy habit of brushing your teeth
to your punctual portion of shrimp this new
immunising product one application is enough
and don't trouble yourself
request with no cost or obligation the
illustrated leaflet containing a summary
of our new method of easy
individual use the ride
of the Valkyries in your spare time
don't worry
without leaving your house you can now
decide the outcome of the war in the east
the rapid growth of tourism on the coast
the uniform extension free of troubles
of public order law or relaxation
and don't trouble yourself
the greatest offer ever seen before:
soldiers and troops
from all over the free world tanks jeeps
in materials, washable and instructive
for your children read
the contest rules
and don't worry
consult your doctor protect
your honour from subversive agents
with the new non-flammable product
which perfumes your distinguished room
don't trouble yourself

Don't forget to send off this coupon today
and we will take care of the rest
sit back in your armchair and don't worry.

(October, '68)

36

Apuesten

La dureza
  del tierno bambú acuático
la penetrante onda con disfraz
de loto   o   la garra
de chatarra
         beoda
(200 toneladas de resaca)
                        y de
farra...?

π

Qué macho es Goliath!

(enero de 1972)

36

Place Your Bet

The toughness
  of the tender aquatic bamboo
the penetrating wave disguised
as a lotus   or   the claw
of inebriated
              scrap
(200 tons of hangover)
                              and of

partying…?

π

How macho Goliath is!

(January, 1972)

Índice de títulos y de *primeros versos*

A A. en una esquina	258
A Miguel Hernández	274
A unos ojos miopes	264
Advenimiento	208
Alcavatra	190
Ángel en tres lugares	260
Anónima defensa de Narciso	138
Apuesten	290
Aquí os quisiera ver, astuto gato	36
Arte poética	186
Arte popular	54
Asamblea reunida en Papeete	84
Aspersión	56
(Atendiendo no solo a las órdenes de la administración holandesa)	72
Aviso a Gustavo Adolfo Bécquer	48
Bodegón	112
Buenas noches	42
Canción	20
Caperucita roja	34
Capitán Hölderlin	142
Cartomancia rural	62
Casa Lys	164
Cobijo del poeta, fragilísima ave	140
Comentarios de un oficial de la Marina francesa al monumento a Colón	82
Cristal de Bohemia	240
Cristal de Lorena	236
Cuarzo	200
De la espuma	186
De un palacio cerrado orientado hacia el este	170
De Venus	196
Definición de savia	116
Del regreso del bosque	180
Desde «la atalaya», con un libro de Wordsworth sobre la mecedora	250
Díptico	190
Disputa de eruditos ante «El sueño de la doncella»	130
Doce emblemas	228
El agua más pura	64
El cenotafio	210
«El contexto es, sin duda, un objeto asimbólico»	152
El príncipe Don Baltasar Carlos	136
El silencio	108
Elogio del azar	194

En el templo; a la espalda de los adoradores	194
En primavera especialmente	40
Entradas y salidas	74
Entusiasmo de un joven demócrata	86
Epílogo	280
Epitalamio	106
Era ayer	276
Fábula del espectador	30
Fumando espero al hombre que yo quiero	28
Historia sagrada	158
Hombres y mujeres *sioux*	74
Inútil merodeo de la palabra para exaltar la música	260
Júbilo de los ojos	192
Juegos florales en Uqbar	150
La Derelitta	130
La muchacha ciega	138
La palabra cansada	204
La puerta	210
Los deseos de Pilar	266
Magnicidio	152
Mapa animado con ejemplos de lo que hubiera sido	222
Mecánica del vuelo	188
Melancolía	132
Monumento a Wills y Burke	76
No solamente en Broadway	256
Noches de Tremecén	86
Noticia de la hidra en la ciudad dorada	162
Oda al adobe…	68
Oh, náyade, nereida, ninfa, sirena, tía	46
Oración	220
Otro final para el cuento de la lechera	44
Parábola	246
Parábola del puñetazo	32
Paradisaea papua	72
Regreso de los cazadores	134
Relato del Barón de Hubner en la legación de Rusia…	80
Río	188
Salicio vive en el tercero izquierda	92
Scorpio	154
Situación del poeta	90
Sobre el antiguo tema de dejar la ciudad	172
Sobre la efímera existencia	50
Sobre la oscura faz de la madera	34
Soneto	282

Sueña —las manos al volante—	46
Taller del hechicero	150
Tatuajes efímeros	156
Testimonio de piedra	154
The Valley of Unrest (E. A. Poe)	104
Todos los desperdicios	38
Trilogía de los elfos	58
Tríptico de la infancia	24
Tríptico de la tristeza, de la melancolía y de la alegría	248
Tríptico de Santiz	212
Tríptico del Tormes	94
Una casa ambulante, Chicago	78
Vieja dedicatoria	220
A medida que iba	64
A qué orillas se fueron tus mejillas: mis manos	226
Además de tu ausencia tengo ahora	278
—Ah de la urbe interminable	68
Altas, desatendidas celosías	162
amaneciendo al tajo	14
Amiga te contemplo mientras suena	246
amigo si la guerra	20
Aquella música que nunca	90
«Aquí —me dicen— las mejores fresas	74
Aquí os quisiera ver astuto gato	36
Aquí, al volver el sol, han confluido	258
Aunque de todos modos	34
¿Bastará la señal de otro arco iris	180
Cae amorosamente	112
Cansado de buscar en albarelos	154
Cansado el sacerdote de transportar manípulos	158
Celdas de luz donde la luz es libre	186
Chaparrón, suelta prenda	64
Cirros con su atavío de difuntos	210
Cogidita del brazo	44
Colgante llamarada oblicua hacia poniente	164
Comenzar: las palabras deslícense. No hay nada	186
Cómo ha venido esta mañana	208
Como quien corta el árbol más querido	284
Cuando apenas habían recorrido una milla	152
(Cuando en las noches claras	58
Cuando hagas casa no la dejes	120
Cuarzo de seis paisajes	200
Diosa	268

Dolor de la palabra	204
El 28 de junio, agonizante, Wills	76
El aguijón —el pico rodea al pétalo—	224
El hombre fue: Por nada	246
El viento y el calor	224
En el fondo del ojo el pasado se agrieta	240
En primavera especialmente	40
Encajó un derechazo	32
Encontraste al amparo de estas navas	192
érase que se era	18
Es absolutamente necesario	86
Es la ansiedad cornisa	194
Es muy posible que desilusione	150
Esa guirnalda de montañas, una	250
Espera en aquel banco	260
Faltándole una péndola al plumaje	140
Habrá dueño y señor de tu paisaje	120
Harás el aspersorio con verbena	56
He metido las manos en el fuego	252
Hilo a cercén truncado no ni súbito	122
Hoy he vuelto a pasar…	282
Hubo un príncipe azul que nunca quiso	156
Húndanse blandamente en la sedosa	42
Ídolos hay también donde hay oasis	126
¿Indica posesión de algún paisaje	136
Ir al campo bebernos todo el campo	66
… la calzada	80
La hembra no tiene nada de notable	72
La mano sujetando	90
la primavera damas caballeros	16
Lienzos de la tragedia por las gradas	130
Llueve	222
Lo que deslumbra hiere y sin embargo	236
Los dioses se equivocan. Si Narciso	138
Miguel Hernández, alto compañero	274
Mínima aldea de muertos olvidada	256
Mira de los tres ríos	266
Morir soñando, sí, mas si se sueña	254
Muro almenado: la visión se atiene	170
Natividad atónita, infinita	196
Náyade imperceptible emerges poco antes	254
Ni siquiera hay lugar para que sea	92
No cualquier cosa. Puede deslizarse	190
¡No es un antojo de la fantasía!	78

No fue donde dijimos. Es aquí	212
No se opone la jara, delicada de flor	190
No sino desmesura es la belleza	264
No temas, corazón, pierde cuidado	274
No tengo aquí que transportar bagajes	72
No tiene más que enviar este cupón	288
Nos da vida y motivos para usarla	116
nos llevaron al tubo de la risa	24
«Nuestro cuadro presenta, bajo una luz huidiza	130
Oh, náyade, nereida, ninfa, sirena, tía	46
Orfeo lo supo un día de Capricornio	122
¿Para qué proseguir con el trabajo	132
Para ser río al río le sobra el nombre: pierde	188
¿Perfeccionar lo inútil entretanto	188
Por esa veta gris en una perla	220
¿Qué jaspe, qué voluta	210
Recompón los pedazos	228
Recuéstate, ha bajado	142
Se ha preferido a todo la excelencia	74
Si al echarte las cartas	62
Si existe amor en toda artesanía	110
Si pura fuera la contemplación	222
Sílaba, pulsación, la deseada	260
Sin coñac y tapabocas futbolístico	30
Sobre la efímera existencia	50
Sobre un amor que impone	172
Solo con el silencio esas aves se posan	190
Solo el azar aquello que perdiste	194
Sosiego: luce el élitro	248
Sueña —las manos al volante—	46
Supón el mismo vuelo: de la almena	102
Te has sentado de espaldas a un arco iris doble	138
Te plantaban, higuera, cada vez que —las nubes	94
Toda la propiedad es geometría	114
todo empezó en un día como otros	8
Todos los desperdicios	38
Tu represión de niña emancipada	28
¡Uf! la musa sabionda que prescribe	152
un autobús urbano rumbo al centro	6
un muchacho con tiza	34
una noche llevaron tierra húmeda	12
una vez de arco iris	4
Valle de la inquietud, yo te prefiero	104
Ve desde tu balcón a ese muchacho	220

«Viva mi amo manuel sánchez 54
Y la asamblea indígena, compuesta 84
y sin embargo 154
Ya por los tenebrosos 48

Index of Titles and *First Lines*

A Different Ending for the Milkmaid's Tale	45
A Map Enlivened with Examples of What Might Have Been	223
A Moveable House, Chicago	79
About Foam	187
About Venus	197
Advent	209
Alcavatra	191
All the Scraps	39
An Angel in Three Places	261
An Assembly Called Together in Papeete	85
An Old Dedication	221
Anonymous Defence of Narcissus	139
Assassination	153
Bohemian Glass	241
Buildable Site	112
Captain Hölderlin	143
Comments by an Officer of the French Navy About the Monument…	83
'Context Is, Doubtless, an Asymbolic Object'	153
Debate of Scholars Before 'The Maiden's Dream'	131
Definition of Sap	117
Diptych	191
Enthusiasm of a Young Democrat	87
Ephemeral Tattoos	157
Epilogue	281
Epithalamium	107
Fable of the Spectator	31
Floral Games in Uqbar	151
From 'The Watchtower', with a Book by Wordsworth…	251
(Fulfilling Not Only the Orders of the Dutch Administration)	73
Goodnight	43
Haven for the Poet, the Frailest of Birds	141
He Dreams—Hands on the Wheel—	47
In Spring Especially	41
In the Temple; Behind the Adorers	195
Infancy Triptych	25
It's raining	223
It Was Yesterday	277
Jubilation of the Eyes	193
La Derelitta	131
Little Red Riding Hood	35
Lorraine Glass	237
Lys House	165

Mechanics of Flight	189
Melancholy	133
Monument to Wills and Burke	77
News of the Hydra in the Golden City	163
Not Only on Broadway	257
Ode to the Adobe…	69
Oh Naiad, Nereid, Nymph, Siren, Gorgeous	47
On a Closed Palace Facing East	171
On Ephemeral Existence	51
On the Ancient Theme of Leaving the City	173
On the Dark Face of the Timber	35
On the Return of the Woods	181
Parable	247
Parable of the Punch	33
Paradisaea papua	73
Pilar's Wishes	267
Place Your Bet	291
Poetics	187
Popular Art	55
Prayer	221
Prince Baltasar Carlos	137
Quartz	201
Receipts and Outgoings	75
Report of Baron Hubner at the Russian Legation…	81
Return of the Hunters	135
River	189
Rural Fortune-Telling	63
Sacred History	159
Salicio Lives on the Third Floor, Left	93
Scorpio	155
Silence	109
Sioux Men and Women	75
Smoking I'm Waiting for the Man I Love	29
Song	21
Sonnet	283
Sprinkling	57
Still Life	113
Testimony of Stone	155
The Birth of Venus	269
The Blind Girl	139
The Cenotaph	211
The Door	211
The Exhausted Word	205
The Poet's Situation	91

The Praise of Chance	195
The Purest Water	65
The Valley of Unrest (E. A. Poe)	105
The Wizard's Workshop	151
Tlemcen Nights	87
To A on a Corner	259
To Miguel Hernández	275
To Some Short-Sighted Eyes	265
Trilogy of the Elves	59
Triptych of Sadness, of Melancholy and of Happiness	249
Triptych of Santiz	213
Triptych of the Tormes	95
Twelve Emblems	229
Vain Prowling of the Word to Exalt the Music	261
Warning to Gustavo Adolfo Bécquer	49

a boy with chalk	35
A crenellated wall: the vision is confined	171
A hand holding	91
Ahoy there, endless town	69
All the scraps / erased without worry—	39
Aloft, neglected lattices	163
Although anyhow / the ending was happy	35
an urban bus heading downtown	7
And the indigenous assembly, composed	85
and yet / not even the faintest trace…	155
Anxiety is a cornice	195
As it gradually	65
As someone who fells the most loved tree	285
As well as your absence I now have	279
Assume the same flight: from the merlon	103
Astonished nativity, infinite	197
at daybreak to work	15
Beauty is nothing but excess	265
Canvasses of the tragedy on the steps	131
Cells of light where the light is free	187
Cirrus clouds with their funereal attire	211
Cloudburst, give it all away	65
Disappointment is likely	151
Discontinuity is prophetic	101
Does some background landscape	137
Don't fear, heart, don't worry	275
Friend I gaze at you while there sounds	247

friend if there's a war	21
From your balcony see that boy	221
Goddess / if the edge of froth is happy	269
Going to the country, drinking up the countryside	67
Hanging flame slanting towards the West	165
He took a right blow	33
Here I don't have to transport baggage	73
'Here—they tell me—the best strawberries	75
Here, when the sun returns, my blood	259
His plumage is missing a quill	141
I have passed by again today…	283
I put my hands into the fire	253
If contemplation, the street without	223
If on reading your cards	63
If there is love in every craft	111
If you command the leaves of the poplars	107
Imperceptible naiad you emerge just before	255
In spring especially	41
In the eye's fundus the past cracks	241
it all began on any given day	9
It falls lovingly	113
It gives us life and reasons to use it	117
It is imperative / to have travelled through Algeria	87
It isn't a whim of fancy!	79
It's been paramount the excellence	75
It's coming, now one feels	107
It's raining	223
It wasn't where we said. It's here	213
Let's see how you manage here, smart puss	37
Lie down, our colleague	143
Long live my master manuel sánchez	55
Look at those three rivers	267
Man went: He asked	247
Mend the pieces	229
Miguel Hernández, eminent companion	275
Not just anything. An allusion to the Ganges	151
Now throughout the gloomy	49
Oh Naiad, Nereid, nymph, siren, gorgeous	47
On a love that imposes	173
On June 28th, in his death's throes, Wills	77
On the ephemeral existence	51
once upon a time	19
once with a rainbow	5
one night they brought humid earth	13

Only chance can bring back	195
Only when all is quiet those birds alight	191
Pain of the word	205
Perfecting the useless while	189
Phew! the know-all muse who prescribes	153
Quartz of six landscapes	201
She waits on that bench	261
Sink softly into the silky	43
spring ladies gentlemen	17
Starting: may the words slide. There is nothing	187
Syllable, throb, the longed for	261
Taken by your arm	45
That mountain garland, just a	251
That music never	91
The female has nothing extraordinary	73
The gods are wrong. If Narcissus	139
'The honey of Florida bees	87
The knight—hands on the wheel—	47
…the road / was in very bad condition	81
The rockrose, with its delicate flower, doesn't impede	191
The sting—the beak encompassing the petal	225
The sun has certainly risen	209
The whole property is geometry	115
The wind and the heat	225
There is not even room for	93
There was a blue prince who never wanted—	157
They planted you, fig-tree, each time that—the clouds	95
they took us to the tube of laughter	25
This painting presents, under an evasive light	131
Through that grey vein in a pearl	221
Tiny village of the dead, forgotten	257
Tired of seeking in pharmacy jars—	155
To be a river a river needs no name: its river-bed	189
To die dreaming, surely, but if one dreams	255
To what shores did your cheeks go: my hands	227
Tranquillity: the elytron shines	249
Under cover of these valleys	193
Valley of unrest, I prefer you	105
Very near the pool that receives	83
We can wait for the poor hunters	135
What dazzles wounds and yet	237
What jasper, what volute—	211
(When on clear nights	59
When they had scarcely traversed a mile	153

Why continue with the toil	133
Will the sign of another double	181
Without cognac and a football scarf	31
Worn out with carrying stoles, the priest	159
You have sat with your back turned to a double rainbow	139
You must prepare the aspergillum with verbena	57
You need do no more than send this coupon	289
You say—you, girl, do exaggerate—that spiders	109
Your repression of a liberated girl	29